制胜职场

——中国本土顶级 CEO 给职场新人的忠告

廉小天　编著

辽宁科学技术出版社

沈阳

图书在版编目(CIP)数据

制胜职场：中国本土顶级 CEO 给职场新人的忠告 /
廉小天编著. —沈阳：辽宁科学技术出版社，2011.8
　　ISBN 978-7-5381-7002-3

　　Ⅰ.①制…　Ⅱ.①廉… 　Ⅲ.①职业选择—通俗读物
Ⅳ.①C913.2-49

中国版本图书馆 CIP 数据核字（2011）第 109388 号

出版发行：辽宁科学技术出版社
　　　　　（地址：沈阳市和平区十一纬路 29 号　邮编：110003）
印　刷　者：沈阳市新友印刷有限公司
经　销　者：各地新华书店
幅面尺寸：168mm×236mm
印　　张：15.25
字　　数：240 千字
印　　数：1~5000
出版时间：2011 年 8 月第 1 版
印刷时间：2011 年 8 月第 1 次印刷
责任编辑：王　实
封面设计：黑米粒书装
版式设计：于　浪　王　晶
责任校对：徐　跃

书　　号：ISBN 978-7-5381-7002-3
定　　价：34.80 元

邮购热线：024-23284502
E-mail:ganluhai@163.com
http://www.lnkj.com.cm
本书网址：www.lnkj.cn/uri.sh/7002

前 言

　　你还在为明天的面试而不安吗？你还在工作困难面前怨天尤人吗？你还在怀疑你为人处世的能力吗？你还在心理陷阱中挣扎、忍辱负重吗？你还在为薪水低而郁郁寡欢、束手无策吗？你还在为难以晋升而诅咒上司的不公吗？

　　如果此刻你正在翻阅本书，碰巧你心中也有上面类似的疑问而不得其解，那么从此刻起，随着你阅读的深入，中国本土顶级CEO将扮演你的贴身顾问，你的疑问将不再成为种种困扰，你的工作与生存的压力将不会再继续恶化，反而，它们将成为你以后制胜职场的关键。

　　职场是什么？有人会说，职场就是江湖。不错，有人的地方，就有江湖，但是职场远比江湖小。江湖虽大，大多数人却不在其中；职场虽小，却与我们的生活息息相关。职场没有江湖的血腥与可怕，但它也会使人感觉苦恼、窒息、残酷……然而，你只要浇注一点智慧，职场便是另一种场景，掌声、鲜花、荣誉，以及理想成为现实。

　　其实，我们眼前的职场困局，不是因为我们没有能力，而是因为我们缺乏经验和一盏点亮职场的明灯。中国本土顶级CEO的切身体验与金玉良言，将陪伴着你步入职场、帮助你职场突围、指引你走向卓越，成为你获益一生的人生哲学。

目　录

后，在失望和迷茫中继续感叹："为什么受伤的总是我？"是呀！为什么受伤的总是你呢？或许你会抱怨自己命运不济，或许你会愤怒地指责考官过于狡诈。然而，一味地抱怨与指责，不但对你的求职没有任何的帮助，反倒让你逐渐产生厌世的心态，最终被自己彻底打败。

第三章　世上没有天生的 CEO / 39

两千多年前，陈胜和吴广在走投无路之下，振臂一呼："王侯将相，宁有种乎？"然后，他们揭竿而起，揭开了反抗暴秦的序幕，并迅速得到全国各地的响应。虽然陈胜吴广起义最后还是失败了，但紧随他们而起的刘邦，却最终推翻了曾经不可一世的秦王朝，并建立起了更加强大的大汉王朝。那么，刘邦是天生的皇帝吗？当然不是！非但不是，甚至出身也十分卑微，但他最后却经过自己的努力，坐上了皇帝的宝座。事实上，纵观历史上所有的杰出人物，他们的才干都不是天生的，没有哪个人一生出来就注定要当皇帝或者当宰相，他们都是通过后天的努力而获得成功的。反观当今的职场，不管是中国还是外国，每一个顶级的 CEO，都不是天生的。很多杰出的 CEO，在刚开始的时候，他们甚至比我们还普通。那么，他们到底是凭借着什么驰骋职场，并一步步走上顶级 CEO 这个宝座的呢？

第四章　不可或缺的职业生涯规划 / 55

从很大程度上来说，选择职业就是选择一种生活方式。选对了职业，你的生活质量也会因此而获得极大的提升。所以，做好职业生涯规划是每一个人都应该做的事情。马克思在《青年在选择职业时的考虑》中这样说："如果我们选择了并不胜任的职业，那么我们绝不能把它做好，我们很快就会自愧无能，并对自己说我是无用的人，是不能完成社会使命的人，由此产生的结果，必然是妄自菲薄。"那么，初入职场的你，应该如何选择自己的职业呢？对于自己的职业生涯又该如何规划？

第五章　积累人脉，为明天的成功作准备 / 71

对于一个现代人而言，人际关系越好，机会就越多，成就就越大。因此，从踏入社会，走上职场的那一刻开始，我们就要有意识地建立起自己的人脉关系，因为拥有良好的人脉，你就拥有了一笔重要的潜在无形资产。在以后的奋斗过程中，你会获得更多发展的机遇，也会更加如鱼得水。可以说，一个人能否取得事业的成功，80%归因于与别人相处，20%才是来自于自己的专业水平。所以，要想在事业上有所成就，积累更多的财富，就要有计划、有选择地去认识和接纳更多的人。

第六章　爱拼才会赢 / 85

十多年前，一首闽南语歌曲《爱拼才会赢》曾经唱红了大江南北，而这首歌之所以如此受到人们的欢迎，除了唱得好，最主要的原因是歌词也写得好："一时失志不免怨叹，一时落魄不免胆寒……人生可比是海上的波浪，有时起有时落……三分天注定，七分靠打拼，爱拼才会赢。"正是这首歌，激励了无数的人，使他们在坎坷的人生路上越挫越勇，一往无前，终于实现了自己的梦想，迎来了属于自己的成功。也正是他们，用自己的实际行动，将这首歌的内涵诠释得淋漓尽致。是的，爱拼才会赢！那么，作为职场新人的你，应该怎么去拼，才能开拓出自己的一片新天地呢？

第二部分 职场突围

第七章　如何看待第一份工作 / 99

很多初涉职场的新人，常常一进入职场就想找到一份好工作。于是，当有的人很快就谋得一份轻松而报酬丰厚的工作时，就开始沾沾自喜，认为自己终身有靠了；有的人找到一份很辛苦却不赚钱的工作时，便开始怨天尤人，感叹自己没有关系、没有背景，而且运气不好，似乎全世界人都对不起他；有的人抱着宁缺毋滥的心态，发誓非要找到一份好工作，所以对现有的工作机会挑三拣四，迟迟没有参加工作；有的人则开始努力拉关系、走后门，希望能够改变自己的处境，但结果却总是让他们失望。那么，初入职场的你，应该怎样看待自己的第一份工作呢？

第八章　前途比"钱途"更重要 / 109

在现实中，很多人都会面临这样的状况：一份工作能够为自己提供相对比较丰厚的薪资待遇；另一份工作没有那么好的待遇，而且很辛苦，但是很有发展前途，只要坚持一段时间，自己就可以获得超额的回报。那么，到底是要前途还是要"钱途"呢？很多人在这样的选择面前，往往陷入了迷茫之中。

第九章 耐得住基层工作的寂寞 / 119

两千多年前，孟子就曾经说过："天将降大任于斯人也，必先苦其心志，劳其筋骨，饿其体肤，空乏其身，行拂乱其所为，所以动心忍性，曾益其所不能……"对于孟子的这几句话，相信大家一定不会陌生，甚至早就已经背得滚瓜烂熟了。但是，如果真要读懂它，则需要我们付出很大的努力，尤其是在职场上，就更是如此。

第十章 把工作当事业来干 / 129

或许你正在抱怨，因为你觉得自己现在所从事的工作实在是太微不足道了。而且，由于职位太低，所以领导从来都没有过问你干得好不好！换句话，不管你干得好，还是干得不好，结果都是一个样。于是，你开始变得垂头丧气，开始混日子，当一天和尚撞一天钟。如果真是这样，那就危险了。要知道，工作也如逆水行舟，不进则退。所以，要及时改变你的工作态度，不管你认为这份工作有没有前途，也不管你认为这份工作是多么的不起眼，只要你把它当事业来干，那么你就会发现，有很多的机会在等着你！

第十一章 不创新，毋宁死 / 143

《易经》有云："穷则变，变则通，通则久。"说的就是创新的作用，不管做什么事，只有懂得创新，学会创新，才能出奇制胜，使自己立于不败之地。那么，什么才是创新呢？第一，创新意味着改变，意味着要推陈出新，所以一定要懂得一个"变"字；第二，创新要勇于尝试，因为惯性的作用，很多人习惯于墨守成规，不想再有任何的改变，但环境又迫使你必须改变，这时就需要你必须打破思维定势，尝试着去改变；第三，创新意味着要冒一定的风险，所以要敢于将自己置于死地，敢于将自己逼到绝路上去。

第十二章 卓越的人生靠自己去创造 / 159

第三部分 迈向卓越

我们今天的生活状态，其实是由昨天决定的；同样，我们明天的生活状态，是由今天决定的。也就是说，今天的你怎样去创造生活，明天的你就拥有怎样的人生。要知道，人生不是简单的重复，生活也不是单调的轮回，毕竟太阳每天都在刷新着纪录，所谓"天行健，君子以自强不息"。所以，努力！每一个有梦想的人；前进！每一个为理想而活着的人！

日本软银公司董事长孙正义曾经说过："三流的点子加一流的执行力，永远比一流的点子加三流的执行力更好。"这句话是很有道理的，因为即使你有好的点子，但如果不付诸行动，你永远也不会取得成功。所谓的执行力，就是把想做的事做成功的能力。有执行力的企业，会依照企业的发展战略按期实现经营目标；有执行力的个人，会根据自己的成长计划或职业规划，以切合实际的行动按期获得晋升或加薪。可以这样说，执行力就好比汽车的引擎，驱动着人们向前奔跑，直至到达自己的目标。

何谓核心竞争力？《哈佛商业评论》曾经对核心竞争力作出过一个权威的定义："是在一组织内部经过整合了的知识和技能，尤其是关于怎样协调多种生产技能和整合不同技术的知识和技能。"很显然，知识与技能不是核心竞争力，只有能够协调和整合知识与技能的知识与技能才是真正的核心竞争力。由此我们可以看出，所谓的核心竞争力，实际上是一种难以被竞争对手所复制和模仿的竞争能力，这种能力可以使一个人或者一个团队能够在很长的一段时间内获得竞争的优势。那么，作为职场中人，我们应该如何培养自己的核心竞争力，并提升自己的核心竞争力呢？

第十五章　中国顶级 CEO 是这样炼成的 / 211

　　随着世界经济一体化的逐步形成，企业所需要的职业经理人也越来越多。因此，优秀的经理人已经成为企业界最抢手，也最具闪光价值的稀缺资源。近几年来，虽然各个行业之间的竞争越来越激烈，导致很多行业已经进入了微利阶段，但在人才市场中，职业经理人的身价却越来越高，尤其是一些优秀的职业经理人，更是"引无数老板竞折腰"，为了能够请到他们而不得不放下身段，甚至是"三顾茅庐"。

第十六章　中国顶级 CEO 的终极目标 / 227

　　记得小时候，大人们就曾经这样问过我们："你长大后最希望做什么呢？"而我们的回答也可谓是五花八门，但也不外乎是想当教师、科学家、企业家、警察、解放军、飞行员等。转眼间，二十多年过去了，当年的孩子，如今也已经是二三十岁的人了。但是，再仔细想想，当时我们在大人面前说出的那些愿望，又有哪几个真的实现了呢？其实，当年的那些愿望，有的刚说出来没过多长时间就被我们抛到脑后去了，有的由于客观的原因而破灭了，有的由于我们又有了更好的愿望而被放弃了……而那些愿望我们之所以无法实现，究其原因是因为我们没有一个终极的目标，于是这些愿望最终往往只能是愿望，有的甚至是奢望。

第一部分　初涉职场

第一章
如何在面试中
创造机会，抓住机会

　　相信很多求职者都会有过这样的经历：几十份简历投出去之后，好不容易接到一个面试通知，但当你如获至宝一样，兴致勃勃地前往参加面试时，还没说几句话，用人单位就客气地告诉你："今天就先谈到这里，你先回去，等有了消息我会及时通知你！"结果当然也就可想而知了，你永远也等不到那个所谓的消息。那么，到底是什么原因，让刚刚走出校门的你，一次次地徘徊在职场的大门之外呢？当然，这里面有很多的因素，但其中最为关键、最为重要的，就是你没有在面试的过程中，学会创造机会，并抓住机会。所以，在本章中，我们将告诉你如何在面试的过程中抓住那些转瞬即逝的机会，或者主动创造机会，从而顺利敲开职场的大门。

最有希望的成功者，并不是才干出众的人，而是那些最善于利用每一个时机去发掘和开拓的人。

——苏格拉底

1. 机会只青睐有准备的人

　　小伟在大学学的是市场营销专业。毕业后，在一次招聘会上，小伟发现一家著名的外资企业正在招市场营销员，便毫不犹豫地投了一份简历。但是，负责人收到他的简历后，只是告诉他，让他回去等候面试通知。小伟回家后，便开始等待那家外企的面试通知，但他整整等了一个月，也没有等到任何消息。

　　小伟意识到，如果自己不主动"出击"，那么这个机会就真的没有了。于是，他便鼓起勇气带上自己的简历直接来到那家公司要求参加面试。虽然他这一次"冒昧"的前往并没有得到公司 HR 的接见，但两天之后，他便收到了这家公司的面试通知。

　　两轮面试下来之后，小伟觉得自己的表现还是比较理想，但 HR 并没有任何的表态。于是，小伟决定再次主动"出击"，他亲自跑到各大商场去了解这家公司产品的销售情况，同时向自己的朋友、同学、邻居征询他们对这些产品的意见。最后，他便根据面试中的一些具体问题，精心编写出一份详细的销售方案。结果，在接下来的最后一轮面试中，小伟顺利地击败了所有的对手，赢得了那个职位。

　　从小伟的这个案例中我们可以看出，他刚开始是没有什么机会的，甚至连面试的机会都没有，但他却不断地给自己创造机会，最后终于获得了自己想要的那个职位。当然，小伟之所以最后胜出，与他积极的准备是分不开的。我们可以试想一下，如果小伟没有亲自到商场去看，如果他没有征询别人的意见，仅仅靠纸上谈兵，那么结果一定是可想而知的。

2. 营造聊天的氛围

　　在面试的过程中，营造聊天的氛围，对于创造机会可以说是非常重要的。因为我们都知道，那些在平日里威风八面、掌握着求职者生杀大权的

HR 们，他们的工作实际上是既枯燥也很辛苦的。就像求职者不喜欢每天都在招聘会上奔波一样，HR 们也不喜欢每天去面试别人，因为他们每天都要重复地对求职者进行公司介绍和岗位说明，对方所问的也都是一些程序化的、毫无新意的问题。这样的工作，换成谁都不可能喜欢，但正所谓"在其位，谋其政"，既然是自己职责范围之内的事，不喜欢也得做。

而这时，作为求职者，如果你能够抓住机会，利用面试的机会营造出一种聊天的氛围，那么 HR 们就会发现，一切都因你而不同，他们会发现自己灰色的天空中飘过一片美丽的彩云，枯燥乏味的工作环境也吹进了一丝新鲜空气，包括你那张与众不同的笑脸，也会给他们留下深刻的印象。

当然，所谓的聊天，并不是让你漫无边际地东拉西扯，而是要从严肃的面试提问开始的。比如，HR 看完你的简历之后，会很自然地问道，你是北大、清华、复旦、南开、人大毕业的啊？这时，如果你仅仅应了一声"是的"，然后便呆若木鸡似的等着下一个问题砸下来，那就完蛋了。但是，如果你用轻松自然的表情说："嗯，是呀，我是×××大学毕业的，我们那所学校有很浓郁的学术气氛，校园的风光也很不错，周边环境也很好，人口也不是很多，挺适合学习的。"这样，聊天的氛围就开始营造出来了，而一旦开始聊天，你们之间的距离也很快就拉近了，本来是对立面的两个人，渐渐就变成了盟友。

可以说，会聊天的人到哪里都会受到欢迎，尤其是此时的 HR，他们可能会一边和你聊天一边在心里暗想，要是将来能够和你成为同事，你一定是个可爱的人，而且也很好相处。

当然，聊天归聊天，HR 们也不糊涂，接下来等待你的，就是专业的面试题了。可以说，这一关才是真正的龙门关，因为问问题的人往往是该企业的业务骨干，他们对专业知识往往有着深入的了解和工作体会，所以要想蒙混过去基本上是不可能的。

专业问题的提问往往都是从简单的入手，然后层次分明地深入下去，一直到你没有了解的层面。比如从简单的问题甚至是书本上的一个公式、一段叙述谈起，然后步步深入，循序渐进地问下去。很多曾经很自信的求职者，就是在这些专业的问题上，被问得哑口无言，或者满口胡言乱语，最后带着学艺不精的悔恨离去。

其实，专业方面的面试题，并不是面试官要对你进行专业考试，而是要看看你对专业思考的多少、你的专业广度及将来实际工作中的应变能力，看你能不能融会贯通、触类旁通。而这对于刚走出校门的大学生来说，真可谓是要命的一关。

那么，对于专业的问题，应该如果回答，才能顺利地通过呢？

记得有一位刚毕业的大学生，在面试进行到最后一轮时，面试官问了他这样一个问题："你认为中国股票市场有投资价值吗？"对于这个问题，从表面上看来，可以说是极为平常的，并没有什么特别的地方。但实际上这个问题却暗藏玄机。于是，那位学生稍微思考了一下，才说出了自己的观点：目前中国股票的投资价值是个大家都关心的问题，也引起了国际上的关注。然后进一步说出当前中国的市盈率是多少，韩国的是多少，日本是多少，台湾是多少，美国又是多少。同时，还强调了美国当年的情况也跟当前的中国一样，对未来充满信心，考虑到了经济的飞速发展及对未来美好前景的预期，那个时候的市盈率又是多少。总之，就是报出了一串数字。

本来，那位面试官在抛出这个问题的时候，已经想好了怎么批驳他了，可是被他一通数据说出后，只好用佩服的眼神看着他，示意自己的问题已经通过了。

从这个案例我们可以看出，对于专业的面试题，如果冒冒失失地从问题的本质去回答，那么十有八九会被对方驳得体无完肤。但是，如果换个角度来回答，往往就会收到意想不到的效果。

3. 勇于表现自己的才华

王丽是英语专业的毕业生，有一次，她到一家电视台去参加播音员的考试。但是，由于她的外表实在过于平常，缺少亲切和甜美感，所以，当她播完了试题之后，几乎所有的评委都在她的名字后面打上一个"×"。突然，只见王丽谦虚而又诚恳地说："各位评委老师，请允许我占用各位两分钟时间，让我用英语再试播一遍……"还没等评委们反应过来，王丽便开始声情并茂地用英语演讲起来。尽管很多评委们听不懂她到底说了些什么，但从她那眉飞色舞的面部表情，以及抑扬顿挫的语调中，他们能够感觉到她的英语水平确实很棒！

等王丽演讲完之后，评委席上有人问道："你英语考级了吗？"

"嗯，专业八级。"

"那你愿意到机关工作吗？"

"愿意！"

"那好，请你下周一到×××局人事部报到……"

原来，那位评委就是某机关部门的领导，正在寻找一位外语过硬的人才。此时，他正好遇上了王丽。

对那个机关部门来说，真的是踏破铁鞋无觅处；对王丽来说，更是学以致用，求之不得。进入国家机关工作，发挥自己所学的专业，这对王丽来说原来就是比当播音员更理想，也是她想都不敢想的事情，但她却这么简单地实现了。

这里，我们稍加分析一下，王丽之所以如此巧合地遇上这么好的机遇，无非是她不失一切机会，勇于表现自己才得到的。如果她循规蹈矩，按照考试规定，仅仅把一篇播音稿子读完，便静候电视台的录取，那她就完了。

从这个故事中，让我们不由得又想起报刊上曾登载的一个故事：

有一位经济学家，刚到美国时，经常去大学听讲座，他发现，每次开讲前，周围的同学总是将一张用浓重色彩写着自己名字的硬纸卡片立在自己的桌上。对此，他不解其意，便问人家，告之曰："来这里讲座的都是华尔街或跨国公司的'大腕'，当讲演者需要听者回答问题时，他可以直接看纸卡提问你，如果你的回答令他满意或者十分精彩，就会给'大腕'留下良好的印象，没准儿会给你带来很多发展的机会。"后来，那位经济学家果然看到周围的几位同学，因为出色的见解，最终被那些一流的企业所录用。

这位经济学家认为，在人才辈出，竞争日趋激烈的时下，机会一般不会去主动找每个人，只有勇于表现自己的才华，只有抓住机遇，让别人认识你、了解你、注意你，你才会脱颖而出。

在求职的路上，每个人都希望得到伯乐的赏识。但是，无论是评委、专家，还是用人单位都希望优中选优，选用更优秀的人才。你若想得到别人的垂青，必须抓住一切可以利用的机会，充分展示自己的才华，只有这样，才能把握好人生道路上的每一次机遇。

4. 用细节去打动对方

有一家著名的企业，本来想招聘一名工作经验比较丰富的财务人员，但结果却破例招了一名刚毕业的女大学生。这是怎么回事呢？原来，这家企业之所以改变主意，起因只是一个小小的细节。

当时，女孩因为没有工作经验，在笔试一关就遭到了拒绝，但她并没有气馁，一再坚持。她对主考官说："请给我一次机会，让我参加完笔试吧！"主考官想想，反正也只是笔试，于是就让她参加了。结果，她通过了笔试，由人事经理亲自复试。

人事经理对她颇有好感，因为她的笔试成绩是最好的，但让经理感到失望的是，她是应届毕业生，唯一的经验就是在学校掌管过学生会的财务。而找一个没有工作经验的人做财务工作，显然不是他们的意愿。于是，经理决定收兵："今天就先到这里吧，如有消息我会打电话通知你。"女孩从座位上站起来，向经理点点头，然后从口袋里掏出两块钱双手递给经理，说："不管是否录取，请您一定要给我打个电话。"

经理觉得有些奇怪，因为他从未见过这种情况，于是就问她："你怎么知道我不给没有录用的人打电话？""您刚才说有消息就打，那言下之意就是没录取就不打了。"

女孩的话让经理对她产生了浓厚的兴趣，于是又问："如果你没被录取，我打电话给你，你想知道些什么呢？""请您告诉我，我在什么地方还达不到你们的要求，在哪些方面还需要继续改进。""那这两块钱……"女孩微笑着说回答："给没有被录用的人打电话不属于公司的正常开支，所以由我来支付电话费，请您一定打。"经理也笑了："请你把两块钱收回吧，我不会打电话了，我现在就通知你：你被录用了。"

或许有人会问："仅凭两块钱就改变了原来的主意，录用一个没有工作经验的人，是不是太感情用事了呢？"其实，那位经理之所以当场就录用了那个女孩，并不是感情用事，当然也不是冒险。而是他很清楚，这些面试细节反映出了作为财务人员应具有的良好素质和人品。也就是说，相比于人品和素质，资历和经验显然要轻一些。

那么，这个女孩拥有什么样的人品和素质呢？

第一，虽然一开始参加面试就被拒绝，但她并没有放弃，而是一再争取，说明她具有坚毅的品格。

第二，她能坦言自己没有工作经验，说明她很讲究诚信，这对搞财务工作尤为重要。

第三，即使不被录取，也希望能得到别人的评价，说明她具有直面不足的勇气和勇于改进的思想。

第四，女孩自掏电话费，说明她具有公私分明的良好品德，这更是作为一名财务工作人员不可或缺的素质。

所以，很多机会，需要我们自己去争取，因为如果你不去争取，它永远也不会自动送上门来。而如果你积极去争取，尽管有可能会遭到拒绝，但也很有可能被接受。

5. 以感恩的心态去面对一切

在一家软件公司干了八年的史蒂文斯失业了，在这家公司里，他一直都是程序员，本来他还以为自己可以干到退休的，但公司倒闭了，一切都来得那么突然。

这一年，史蒂文斯的儿子刚刚降生，他感谢上帝的恩赐，同时也意识到，自己必须尽快找到新的工作，因为作为丈夫和父亲，自己最大的责任就是让妻子和孩子们过得更好。

于是，他每天最大的任务就是出去找工作。但一个月过去了，他还是没有找到合适的工作。因为除了电脑编程，他一无所长。

终于，有一天他在报上看到一家软件公司要招程序员，而且待遇也不错。史蒂文斯很高兴，于是他揣着资料，满怀希望地来到公司。让他没有预料到的是，前来应聘的人数远远超出了他的想象，很显然，竞争将会异常激烈。经过简单交谈后，公司通知他一个星期后前去参加笔试。

凭着过硬的专业知识，史蒂文斯在笔试中轻松过关。公司又通知他，让他两天后去面试。他对自己八年的工作经验无比自信，坚信面试不会有太大的麻烦。然而，考官的问题是关于软件业未来的发展方向，对于这个自己从来没有思考过的问题，他无言以对，结果可想而知，他没有被录用。

然而，虽然没有被录用，但史蒂文斯仍然觉得这家公司对软件业的理解很独特，令他耳目一新，感觉收获不小。他觉得应该给公司写封信，以表达自己的感谢之情。于是他立即提笔写道："我虽然没有被贵公司录用，但贵公司花费人力、物力，为我提供了笔试、面试的机会，让我通过应聘增长了见识，使我获益匪浅。衷心感谢你们为我付出的劳动，谢谢！"

这是一封与众不同的信，因为通常情况下，没有被录用的人，没有表现出不满和抱怨的情绪就不错了，怎么还会给公司写来感谢信呢？这实在是闻所未闻的事。于是，史蒂文斯的这封信被层层上递，最后送到了总裁的办公室。总裁看了信后，一言不发，把它锁进了抽屉。

三个月后，新年来了，史蒂文斯收到一张精美的新年贺卡，贺卡上写道："尊敬的史蒂文斯先生，如果您愿意，我邀请您和我们一起共度新年。"原来，这张贺卡是史蒂文斯上次应聘的公司寄来的。这个时候，公司有了一个空缺的岗位，于是他们想到了史蒂文斯。

这家公司就是闻名全世界的美国微软公司。十几年后，凭着出色的业绩，史蒂文斯一直做到了副总裁的职位。

这个故事中，史蒂文斯的成功看似很偶然，但实际上却蕴含着必然的因素。我们可以试想一下，如果当初史蒂文斯应聘失败后没有给微软公司写感谢信，那么当微软公司后来出现空缺的岗位后，他们会想到史蒂文斯吗？所以，让我们以感恩的心态去面对一切吧！包括失败、打击和挫折，那么你一定会发现，即使是竞争异常激烈的职场，也会充满了奇迹，而奇迹的创造者并不是别人，恰恰是你自己！

案例 "打工皇后"吴士宏的面试经历

虽然自从 2002 年淡出 TCL 之后，吴士宏在职场上便一直沉默着，但她的名字却没有因此而被人们遗忘。这不仅仅是因为她拥有一个从"生而自卑"到"个性飞扬"的传奇故事，更是因为她曾经代表本土职业经理人的成长历程。

吴士宏不但没有任何高深背景，甚至从未接受过正规的高等教育，多年在歧视中感受地位的卑微。她曾在北京的椿树医院当过护士，在还未全部通过自学考试获得大专文凭的情况下，进入 IBM 公司，从沏茶倒水、打扫卫生等这些杂活做起，直至 1997 年出任 IBM 中国销售渠道总经理。1998 年，她从 IBM 跳槽，出任微软（中国）公司总经理，但到 1999 年 6 月又辞职；1999 年 12 月 1 日，她又加入 TCL 集团，出任 TCL 集团常务董事副总裁，TCL 集团总经理，在 2002 年离开 TCL。

吴士宏的故事如果发生在美国，就是令美国人狂热的"非凡的埃玛"，一个出身卑微的女子在历尽千辛万苦后终于成为商业巨子的传奇。在美国，《一个真正的女人——非凡的埃玛》一书仅平装本首印数就达 140 万册。而吴士宏的自传《逆风飞扬》一书，其销量和影响甚至比《一个真正的女人——非凡的埃玛》还要更胜一筹。由此我们便不难看出，吴士宏的影响是多么大了。

那么，作为一个出身卑微的女子，吴士宏到底是从什么时候开始演绎出这段辉煌的传奇的呢？让我们先把目光退回到二十多年前吧！

"狂妄"的求职信

1985 年 3 月底的一天，吴士宏在《北京日报》上看到 IBM 总公司的一则招聘广告，招聘英、日、德各语种人才，将外派至驻北京的各国商社，学历要求大专以上。

吴士宏看完这则招聘广告，马上就写了第一封求职信，这是她唯一的一封求职信。在她的自传《逆风飞扬》中，是这样记录这封信的内容的：

尊敬的北京市外国企业服务总公司人事部领导：

本人吴士宏，现职北京宣武区椿树医院护士，自学英语，除最后一门英语口语以外，已通过成人高等教育自学考试英语专科所有规定考试。由于成人高等教育自学考试考期缘故，我要到 × 月后方能参加英语口语考试并得到大专同等学力文凭，特申请报名参加贵公司招聘考试，望能予以破例考虑，文凭后补。

随信附上免冠一寸近照一张，如贵公司对本人申请不予考虑，望赐还照片为感。

一个月后，吴士宏接到外企服务公司通知，让她去参加考试。

后来，同事告诉了她对她"破例考虑"的原因。当时，外企服务公司人事部每天收到上百封求职信，都是打印的，干净漂亮，还有香水信纸，从来没见过用处方纸写的，没有文凭，还要还照片。大家传看了一遍照片后便开始议论，谁也没看出来这人凭什么这么狂，最后大家一致决定，让她来吧，看看到底是一个什么样的人。

知道了事情的经过后，吴士宏总结道："真的好险呀！我是无知又无畏，侥幸走成了偏锋。如果事先知道考外企的多是些外贸、外语学院的高材生，我可能根本不敢动这个念头；如果看了求职大全这些书，或者咨询了专家意见，我的求职信可能与大家一模一样，不可能引起注意了。"

鲤鱼跳龙门

除了那封"狂妄"的求职信，吴士宏表现得最为精彩的，当然就是那一次的面试过程了，可以说是她的职业生涯中最为精彩的一段，所以称之为"鲤鱼跳龙门"也并不为过。

参加面试那天，吴士宏早早地来到面试地点——长城饭店。她站在长城饭店的玻璃转门外，足足用了五分钟的时间来观察别人是怎么从容地步入这扇神奇的大门的。

那天的面试进行得还算比较顺利，两轮的笔试和一次口试，吴士宏都顺利通过了。最后，主考官问她："你会不会打字？"

"会！"吴士宏条件反射般地说。

"一分钟能打多少？"

"您的要求是多少？"

主考官当时说出了一个数字，吴士宏当即承诺说可以。因为她当时环顾四周时，发现现场并没有打字机。果然，考官说下次再考打字。

实际上，吴士宏从未摸过打字机。于是，面试结束后，她便飞也似的跑了出去，找亲友借了170元，买了一台打字机，然后没日没夜地敲打了一个星期，双手疲乏得连吃饭都拿不住筷子了，但她竟奇迹般地达到了考官说的那个专业水准。几个月过后，她才还清了那笔债务，但公司却一直没有考过她的打字水平。

从此，吴士宏开始了一段传奇的经历。

值得一提的是，吴士宏的这次面试经历，后来曾经被一位中国留学生效仿，而且也获得了成功。当时，那位留学生刚到澳大利亚，为了寻找一份能够糊口的工作，他骑着一辆旧自行车沿着环澳公路走了数日，替人放羊、割草、收庄稼、洗碗……总之，只要能给一口饭吃，他就会暂且停下疲惫的脚步。

有一天，在唐人街一家餐馆打工的他，突然眼前一亮，因为他看见报纸上刊出了北京一家公司的招聘启事。在寄出了自己的求职资料后，公司很快就通知他前去参加面试。他的表现很出色，过五关斩六将后，眼看就要得到那份年薪五万的职位了。没想到，主考官却又出人意料地问他："你有车吗？你会开车吗？我们这份工作时常外出，如果没有车是寸步难行的。"

澳大利亚公民普遍拥有私家车，无车者寥若晨星，可这位留学生初来乍到，还属于无车族。但为了争取到这份极具诱惑力的工作，他不假思索地回答："有！会！"

"那好，四天后，开着你的车来上班。"主考官说。

只四天的时间，要买车、学车谈何容易？但为了生存，那位留学生豁出去了。他在朋友那里借了 500 澳元，从旧车市场买来了一辆外表丑陋的"甲壳虫"。第一天，他跟朋友学一些简单的驾驶技术；第二天，他在朋友屋后的那块大草坪上模拟练习；第三天，他歪歪斜斜地开着车上了公路；第四天，他居然真的开着那辆车去公司报了到。

如今，他已是这家公司的业务主管了。

从吴士宏和这位留学生的故事中，我们可以得出这样的启示：一个人如果没有胆识，如果只是畏首畏尾，不敢向自己挑战，那么他就不可能获得成功。那一刻，他们毅然决然地斩断了自己的退路，让自己置身于命运的悬崖绝壁之上。正是面临这种后无退路的境地，他们才会集中精力奋勇向前，从而在竞争激烈的职场中找到属于自己的位置。

所以，让自己置身于没有退路的悬崖，从某种意义上来说，实际上是给自己一个向生命高地冲锋的机会。

第二章
如何化解
面试官设下的陷阱

在面试的过程中，考官的那些看似随口的提问、貌似寻常的问题，背后却往往暗藏着陷阱。对于这些问题，虽然不见得有什么标准的答案，但如果应征者没有意识到这是考官设下的陷阱，往往就会稀里糊涂地一头栽进去，最后只能遭到淘汰后，在失望和迷茫中继续感叹："为什么受伤的总是我？"是呀！为什么受伤的总是你呢？或许你会抱怨自己命运不济，或许你会愤怒地指责考官过于狡诈。然而，一味地抱怨与指责，不但对你的求职没有任何的帮助，反倒让你逐渐产生厌世的心态，最终被自己彻底打败。

其实，作为新世纪的人，我们应该明白，当今的企业所寻求的是一种复合型的人才。因此，为招到合格的人才，一些精明的企业考官便在面试时，通过故意给应征者设下圈套，以声东击西的方式从应征者的回答中来判断他的性格、胸怀、智慧、办事能力、为人处世的原则等方面的信息，以此测出应征者的真才实学与内心世界的真实想法，最后决定是否录取。因此，对于每一个应征者来说，能否识破考官设下的这些陷阱，并巧妙地化解，是决定你最后能否被录取的关键因素。下面，我们将列举出一些在面试中最常见的陷阱，以帮助求职者轻松绕过这个关键的关卡。

成功＝艰苦劳动＋正确的方法＋少说空话　——爱因斯坦

1. 误导陷阱

考官可能会这样问："我上学的时候，某门功课经常考不及格，而你的这门功课好像也学得不太好，你能谈谈这是什么原因吗？"

分析：对于这样的问题，其实考官的心里早就有答案，而他之所以这样问，其目的是想考验一下应征者是不是一个有主见的人。因此，如果你来个"顺水推舟"，回答说"那门功课太难了"，或者趁机和考官套近乎，回答说"说明咱俩有缘嘛"，那可就大事不妙了。因为考官问这样的问题，他绝对不是在和你套近乎，而是在考验你面对问题所表现出的态度，比如你是从自己身上查找原因还是喜欢推卸责任。因此，如果你因此而讨好考官的话，那么正好陷入他的圈套中，你自然就会被列入淘汰之列。

对策：对于这样的问题，应征者最好的处理办法是既不推卸责任，也不要一味地自责，而是直面现实。比如可以这样回答："是的，这门功课我的确学得不太好，但我相信这不会影响我把这份工作做得更好。"

2. 原则性陷阱

考官可能会这样问："如果你作为财务部的经理，而且正好碰上公司的效益不好，这时如果总经理要求你在一年之内逃税一百万元，你打算怎么做呢？"

分析：这是一个考验应征者是否具有原则性的问题，因此如果你列举出一大堆逃税的方案计划，那么你就正好陷入了考官的圈套。

对策：实际上，考官在抛出这个问题时，他真正要考核的，已经不是你的业务能力了，而是你的职业道德，因为遵纪守法是任何一家企业对每个员工的最基本要求。因此你可以这样回答："我想您的这个问题只能是一个假设，因为我确信像贵公司这样的大企业，是绝对不会干这种违法乱纪的事情的。当然，如果您的假设成真，那么我就只有一种选择——辞职。因为无论什么时候，遵纪守法都是我做人的第一原则。"

3. 保密陷阱

考官可能会这样问："你在原来的公司也是负责这项工作的，请你谈谈那家公司现在发展到什么阶段，他们目前是如何拓展市场的呢?"

分析：这是考官在考验求职者是否具备保密意识的问题。因此，如果你滔滔不绝地将原本该保密的原单位的东西一股脑儿地说出来，当做炫耀自己的资本，那么就大错特错了，因为对于轻易泄露公司机密的应征者，考官会联想到此人今后也会将自己公司的机密泄露出去。

对策：你可以这样直接地回答："对不起！因为这个问题涉及相关的商业机密，所以我不方便谈，但我在那家公司确实学到很多有用的东西。"

4. 态度陷阱

考官可能会这样问："在过去的工作中，你认为自己取得的哪些成绩最值得骄傲? 你怎样看待这些曾经取得的成绩?"

分析：考官问这样的问题，其目的绝对不是想让你彰显自己过去的辉煌成绩，而是在考查你的态度。如果你趁机将自己过去取得的成绩如数家珍地一一罗列开来，那么只能给考官留下一种好大喜功的印象。

对策：你可以这样回答:"过去我曾经在和同事的协作下取得过……当然，这些成绩的取得，主要取决于公司的决策。"这样的回答，既显示出自己积极主动、团结协作的一面，同时又把功劳的大部分归于别人，显得比较客观、公正，而且显出你为人谦虚、进取的一面。

5. 责任感陷阱

考官可能会这样问："你什么时候能来我们公司上班?"

分析：一般情况下，应征者听到这类问题时，都会高兴的地认为自己已经被录用，但实际上考官是在考查你的责任心。毕竟一个人要离职，必须要将手中的工作交接完毕后才能离开原来的公司。因此如果你立即回答说"随时可以上班"，则会被认为是缺乏责任感的表现。

对策：你可以这样回答："我会尽快做好原单位的交接工作，按时前来报到的。"或是说："我原来的工作已经交接好了，随时都可以正式上班。"

6. 压力陷阱

考官可能会这样问："请你谈谈在你成长的经历中曾经的失败经验和对你的影响。"

分析：这是一个比较常见的陷阱，考官的目的是想了解你的抗压能力，因此你回答这个问题时，如果有意夸大那些失败对你造成很大影响的话，考官往往会认为你的抗压能力太小，不足以胜任这份工作。

对策：实事求是地列举出一些失败的经历，并对考官说："经历过那些失败之后，我从中学习到不少东西，而且也从中总结出一些经验，以后不会再犯这种类似的错误了。"

7. 激将陷阱

考官可能会这样说："你的经历太少，而我们需要的是经验比较丰富的人"、"你性格过于内向，根本不适合干这份工作"、"你就读的那所大学根本就不是名牌大学"、"你所学的专业与所申请的职位根本不对口"等。

分析：这是考官用来淘汰应征者的一种手法，因此考官往往会故意用一种怀疑、尖锐、咄咄逼人的目光摧毁应征者的心理防线，然后再故意用明显不友好的语气激怒对方，以考验应征者的心胸。面对这种极不友好的语言，如果你被激怒，那么就正好钻入他们的圈套里。

对策：首先要识破这只是考官设下的一个陷阱，然后从容而充满幽默感地回答："我确信如果我有缘加盟贵单位的话，我很快就会成为经验丰富的人，我希望贵单位能够给我这个机会"、"我听说比尔·盖茨也没有毕业于哈佛大学"、"据一些专家调查显示，21 世纪最受欢迎的是复合型人才，而外行的灵感也许会超过内行，因为他们没有思维定势，没有被那些条条框框限制住自己的思考范围"。

8. 诱导陷阱

考官可能会这样问："以你现在的才能，应该比较容易找到比我们公司更好的地方吧？"

分析：这是一种比较敏感的问题，如果你回答说"是这样的"，那么考官会认为你"身在曹营心在汉"——脚踏两只船；但如果你回答说"不是这样的"，考官又会认为你没有自信或怀疑你的能力有问题。

对策：对于这类问题，应征者千万不要作出肯定或否定的回答，而是要学会"打太极拳"。可以先用"我相信我的能力没有问题"来肯定自己，然后再正式回答："或许我能找到比贵公司更好的地方，但正所谓'尺有所短，寸有所长'，没有十全十美的企业，也没有一无是处的企业，比如贵公司在××方面的优势，就是我比较看重的。另外，我认为珍惜已有的才是最重要的。"这样的回答，虽然看似很模糊，但精明的考官已经从你的回答中看出你的智慧。

9. 选择陷阱

考官可能会这样问："你认为金钱、名誉和事业哪个重要？"

分析：这种问题乍一听起来，似乎是一道单项选择题，但不管你选择金钱、名誉或者事业，都正好掉进考官的陷阱。

对策：你可以这样回答："我认为这三者并不存在矛盾，而且它们之间是相辅相成的。如果我们拥有大量的金钱，并将这些钱用对地方，那么我们就会得到名誉，而金钱和名誉实际上正好帮助我们成就事业；反过来说，我们在追求事业的过程中去获取金钱和名誉，会让我们能够更快地获得成功。因此，我认为这三者对我们来说都很重要。"

10. 测试陷阱

考官可能会这样问："你对琐碎的工作是喜欢还是讨厌，为什么？"

分析：这是一个两难的问题，如果你回答说"喜欢"，那么考官会认为你虚伪或者没有出息，但如果你回答说"讨厌"，似乎每个职位又都有琐碎的工作要做。而且，按照普遍的心理反应，人们是不愿意做琐碎工作的，而考官之所以明知故问，实际上是"醉翁之意不在酒"，在乎工作态度也。

对策：你可以先说出琐碎的事情是绝大多数工作都不可避免的，然后再正式回答："很多难事都是从最容易的地方入手的，而很多大事也都是从最细微的地方开始做起的。所以如果我的工作中有琐碎事情需要做，我会认真、细致、耐心地把它做好。"这样的回答，既充分肯定琐碎工作的重要性，又委婉地表达出不喜欢琐碎工作的普遍心理，同时还强调自己的敬业精神。

11. 刺激陷阱

面试结束后，考官可能会这样对你说："真对不起，我们不能录用你!"

分析：考官之所以当面和你摊牌，使你陷入尴尬的境地，实际上是在考验你的心理承受能力，以试图撕开你那彬彬有礼的外表，使你的心理防线完全崩溃。而这个时候，如果你被对方击怒，或者就此失去信心，那你就正好掉进人家的陷阱里面了。

对策：面对考官的咄咄逼人和百般刁难，不管他是假戏还是真做，不管他把你置于什么尴尬的境地，千万不要冲动，而是要让自己冷静下来。你可以这样微笑地回答："没有关系，谢谢您能给我这个面试的机会。如果方便，您能指出我的不足之处吗? 以便我今后进一步改正!"

总之，在面试的过程中，考官也许会设计出各种各样不同的语言陷阱，但只要你能够让自己保持清醒的头脑，控制好自己的情绪，就可以轻松地识破面试中的各种语言陷阱。

最后，请一定要记住，不管面试的结果如何，一定要让自己面带微笑地离开。因为一个真正的智者，无论在任何情况下，都会永远保持气定神闲地微笑。

案例 创新工场 CEO 李开复：诚信为本，摆正心态

创新工场成立时，招聘消息发出来之后，一下子就收到了 7 000 多份

求职简历，这让我们在惊叹李开复人格魅力同时，也不禁产生这样的好奇和疑问：李开复和他的团队会怎样从这 7 000 多份求职简历中挑选出适合自己的人才呢？换句话说，到底是什么样的人，才能够进入李开复的法眼呢？

要想弄清楚这个问题，我们还是先把目光投向过去吧！早在李开复开创微软（中国）研究院的时候，他就曾经主持过招聘会，当时微软（中国）研究院招聘的信息发布出来之后，收到的简历是 1 000 多份；后来，李开复到了谷歌（中国）之后，也开始招聘新人，当时收到的简历是 3 000 多份。虽然在微软（中国）研究院和在谷歌（中国）所收到的求职简历远没有创新工场多，但李开复选用人才的标准却是一样的，那就是通过给应征者设下各种"陷阱"，以考验应征者的情商和诚信度。

比如，李开复在其所著《世界因你而不同》这本书中，就曾经披露了微软公司在面试时会问到的一些奇怪的问题。

这些问题包括：

为什么下水道的盖子是圆形的？估计一下，北京一共有多少个加油站？如果你和自己的导师发生分歧时怎么办？给你一个非常困难的问题，你将怎样去解决它？两条不规则的绳子，每条绳子的燃烧时间为 1 小时，如何在 45 分钟内烧完两条绳子？等等。

这些问题可以说很奇怪，甚至很刁钻，而且没有标准的答案。而他们之所以设计出这些问题，主要是想从一个人的答案中去考察他的人品，考验他的情商。

当时，有一位各方面都比较优秀的应聘者在听到面试官问到"如果你和自己的导师发生分歧时怎么办"这个问题时，他马上就开始声讨自己的导师如何压榨学生，使自己受到很大的委屈，然后开始抱怨学校的环境不好，不够开放，没有给博士生提供应有的科研环境等。结果自然可想而知，这位应聘者虽然各方面的条件都很优秀，但微软公司还是对他敬而远之。因为从这位应聘者的回答中，他们看到了这位应聘者带有负面的心态和情绪，而一旦带着这样的心态去工作，无论公司再给他多么好的工作环境，他还是会不停地指责和抱怨。

还有一位应聘者，微软公司在考察了他的各项指标之后，觉得都不错，但李开复却坚决不录用他。原来，那位应聘者在跟李开复面谈时，曾经很神秘地悄悄告诉李开复："我在以前的公司做了一个项目，如果能来微软上班，我可以把这个项目带过来接着做！"在这之前，李开复本来是很看好他的，但一听到他的这几句话后，李开复的态度马上就变了，因为他意识到将工作交给这样一个人，是绝对不可能放心的，因为他随时可能带着公司的成果"出逃"！那位应聘者注意到李开复的表情变得很凝重，便立刻改口说道："您放心，这个成果我只是利用业余时间来做的！"但这样的亡羊补牢，显然已经太晚了！

李开复还讲了自己在谷歌招聘时发生的一个故事：谷歌的一些面试内容是通过电话的沟通来进行的。当时，有一位应聘者在电话测试时表现得很优秀，李开复当时几乎已经决定录用他了。但是，几天之后，他却发现这位应聘者在网上写了一篇文章，透露了自己面试的经过，说他当时是一边在网上搜索答案，一边回答问题，并为此而扬扬得意。其结果自然就可想而知了，这位应聘者永远地失去了进入谷歌的机会。

其实，不管是在微软、谷歌等这样的跨国企业，还是在创新工场，李开复都多次强调，职场新人刚进公司时，首先要培养的，就是为人处世之道，而为人处世之道的根本，就是诚信。"对于不诚信的人我们坚决不考虑"，这是李开复在校园中进行演讲时经常谈到的一个话题。

实际上，很多面试官提的问题虽然很"怪"，但其本质并不是一定要听到正确的答案，而是要在应征者回答问题的过程中，了解到他们的思维方法，以及他们的诚信度。

第三章
世上没有
天生的 CEO

两千多年前，陈胜和吴广在走投无路之下，振臂一呼："王侯将相，宁有种乎?"然后，他们揭竿而起，揭开了反抗暴秦的序幕，并迅速得到全国各地的响应。虽然陈胜吴广起义最后还是失败了，但紧随他们而起的刘邦，却最终推翻了曾经不可一世的秦王朝，并建立起了更加强大的大汉王朝。那么，刘邦是天生的皇帝吗?当然不是!非但不是，甚至出身也十分卑微，但他最后却经过自己的努力，坐上了皇帝的宝座。事实上，纵观历史上所有的杰出人物，他们的才干都不是天生的，没有哪个人一生出来就注定要当皇帝，或者当宰相，他们都是通过后天的努力而获得成功的。反观当今的职场，不管是中国还是外国，每一个顶级的 CEO，都不是天生的。很多杰出的 CEO，在刚开始的时候，他们甚至比我们还普通。那么，他们到底是凭借着什么驰骋职场，并一步步走上顶级CEO 这个宝座的呢?

谁和我一样用功，谁就会和我一样成功。

——莫扎特

1. 与时间赛跑

记得有这样一句话："如果你把每一天都当做生命的最后一天去生活，那么有一天你会发现你是正确的。"乍一看，这句话好像没有什么特别之处，但在经过无数杰出人物的验证之后，这句话已经成为真理，很多人就是因为信奉了这句话而改变了自己的命运，并最终走向成功的。

在某家医院五官科的一间病房里，同时住进来两位病人，都是鼻子不舒服。在等待化验结果期间，病人甲说："如果我患的是鼻咽癌，我就什么也不做了，立即出去旅行，第一个要去的地方就是拉萨。"病人乙听了，说自己也正好这样想。化验结果出来了：病人甲得的是鼻咽癌，而病人乙则只是长了鼻息肉。

病人甲于是列了一张告别人生的计划表，然后就离开了医院，病人乙则在医院里继续住了下来。甲的计划表是：去一趟拉萨和敦煌；从攀枝花坐船一直到长江口；到海南的三亚以椰子树为背景拍一张照片；在哈尔滨过一个冬天；从大连坐船到广西的北海；登上天安门城楼；读完莎士比亚的所有作品；力争听一次瞎子阿炳原版的《二泉映月》；写一本书。凡此种种，一共是 27 条。

最后，病人甲在这张生命清单的后面写道："我的一生有很多梦想，有的实现了，有的由于种种原因没有实现。现在上帝给我的时间不多了，为了不遗憾地离开这个世界，我打算用生命的最后几年去实现还剩下的这 27 个梦。"

接着，甲马上就辞掉了公司的职务，先去了一趟拉萨和敦煌。第二年，又以惊人的毅力和韧性通过了成人考试。这期间，他还登上了天安门城楼，去了内蒙古大草原，还在一户牧民家里住了一个星期。最后，开始集中精力写一本书。

有一天，病人乙在报上看到甲写的一篇散文，就打电话去问甲的情况。甲在电话中兴奋地说："我真的无法想象，要不是这场病，我的生命该是多么的糟糕。是它提醒了我，去做自己想做的事，去实现自己想去实现的梦想。现在我才体味到什么是真正的生命和人生。你呢？过得也挺好吧？"乙没有回答，因为当时在医院时所说的要去拉萨和敦煌的事，早已因为自己患的不是癌症而将其抛到脑后去了。

在这个世界上，其实每个人都患有一种癌症，那就是不可抗拒的死亡。而我们之所以没有像那位患鼻咽癌的人一样，列出一张生命的清单，抛开一切，去实现梦想，去做自己想做的事，是因为我们认为自己还会活得更久。然而，也许正是这一点量上的差别，使我们的生命有了质的不同——有些人把梦想变成了现实，有些人把梦想带进了坟墓。

从呱呱坠地之时起，每一个人就开始与属于自己的那几十年光阴赛跑，我们渐渐发现，若想在一生中取得更大的成就、创造更多的价值，唯一能凭一己之力去改变的，就是把每一天都当做生命的最后一天去生活，这样我们才能尽可能地少走弯路。

2. 把事情做到极致

所谓极致，就是当我们把工作的结果汇报给上级领导时，这个结果无限接近了性价比最高的那个点。这是一种需要我们终其一生去追求，却可能永远也达不到的境界。但正如庄子所言："虽不能及，心向往之。"只要我们抱着这个态度去做事情，那么我们就会无时无刻不在进步。

很多时候，我们会弄不明白，为什么同一家公司的同事，工作能力和学历相差不多，有的人却能很快就脱颖而出，成为领导眼中的好员工和办公室的明星？有调查表明，把事情做到极致是这些脱颖而出者最主要的特质之一。

这种特质来自于他们内心的自我驱动——不是把每个任务当工作，而是把每个任务都当成机会，并通过每一次的机会来锤炼和提升自己的能力。这种特质的表现，就是他们能在开始行动之前先想一想，用什么方法可以做得更快、更好。在完成工作的时候，不急于收工，而是再审视一遍——还能不能让这个结果再有点滴的提升？

我们经常听到有人说，"这件事情我已经尽力了"。既然尽力了，别人当然也就不愿再苛责，但当你说出这句话时，实际也在承认"我无法做得更好了"。而如果你能够保持把事情做到极致的心态，在你的眼里就永远也没有极致。这样，你自然就会从多个角度，想尽各种方法，去努力把一件事做到更好。

多年前，有一位雄心勃勃却又郁郁不得志的美国小伙子，进入了当时方兴未艾的石油行业，却天天重复着一份简单而又枯燥的工作。

日复一日的机械重复终于磨灭了他的耐心，于是他向自己的主管提出调动工作岗位的要求，但主管却冷冷地对他说："你要么好好干，要么另谋出路。"

那一瞬间，他涨红了脸，真想立即辞职不干了，又苦于找不到其他工作，于是只好忍气吞声地回来。但是那一刻，他突然灵光一现，问了自己一个很关键的问题——我不是自认能力很强吗？那我为什么不在这平凡的岗位上证明自己的优秀呢？

于是，他开始仔细研究自己的工作，他一遍遍地问自己："还有哪里可以做得更好？"在无数次的思考后，他终于发现，有一道工序每次都要花三十九滴油。有没有办法减少几滴呢？那样的话，对整个公司来说，省下的可就是一个天文数字了。但当他把这个想法说出来之后，老师傅们却都摇摇头，然后告诉他："这已经是千锤百炼之后的结果了，别说几滴，就是少一滴也不可能了。"

但小伙子并不服气，他开始兴致勃勃地试验。终于，在无数次的试验之后，他发明了一种只需三十八滴油就可使用的机器，并将这一发明推荐给了公司。

这一下，公司终于对这个年轻人刮目相看了，因为这一滴油，可以给公司节省上万美元的成本。而在过去所有人的眼里，它的价值都被忽略了。

这个拥有着追求极致精神的年轻人，就是洛克菲勒。后来，他成了美国最有名的石油大王。

从哲学的角度上来看，任何事物都会有"从量变到质变"的过程。而工作又何尝不是如此呢？每次提高的这么一小步，虽然看似微不足道，但这既是对自己能力的提升，也是对个人品牌的一次累积，而到最后，将汇聚成为超越他人的一大步。

3. 不轻易承诺

不要轻易许下承诺！这一条并不是技巧，而是原则。只要你遵守了这条原则，它就能帮助你在职场上左右逢源，迅速受到青睐，成为可靠的员工、可信的合作伙伴、有威信的领导。就像银行有个人信用档案一样，能否兑现承诺，也将被记录在你无形的职场信用档案之中。这份信用档案决定着你在多大程度上受到领导的认可和同事的信任。

人们从来不会因为你谨慎承诺而觉得你无能，倒是很容易因为你说了不做，或者做不到而觉得你不可信。只要你有一次让人觉得不可信，那么即使你再做十件让人觉得可信的事情都难以挽回了。职场生涯，实际上就是与人协作的生涯，人们是否愿意将重要的事情托付给你，是否愿意与你协作，完全取决于你是否能够准时、高质量地完成他人的嘱托。

初入职场，或许你难免担心自己"人微言轻"，为了提升自己的所谓"影响力"，你可能会经常以不假思索的承诺让别人相信你是一个有能力的人。但事实上，所有承诺在兑现以前都不会被人们重视。

李嘉诚以他自己的经验，曾给年轻人提出过这样的忠告："做不到的，宁可不说。"所以，即便是在仔细评估之后拒绝别人，也比轻率承诺、最后失约要好得多。

4. 保持学习的心态

当今的社会，是一个经济高速发展和知识更新极为迅速的社会，而我们要想适应这个社会的发展，就需要不断地充实自己，而充实自己的最好方法就是不断地学习。

或许有人会说："学习只是学生时代的事，参加工作后，只要好好工作，尽量把自己的工作干好就可以了。再说，平时工作又这么忙，哪里还有时间学习呢？"其实，学校里的学习只是人生的一个阶段，而且我们在学校里所学到的知识，终究也是有限的。所以，只有在工作的过程中，不断地再学习，才能真正把学习和运用相互结合起来，才能把知识变成力量，让知识发挥出应有的作用。

实际上，从我们自身来讲，学习不但可以提升我们的能力，同时也可以使我们的精神得到充实。因为在学的过程中，我们会思考，而在思考的过程中，我们的精神会得到不断的升华。可以说，年轻时，学习是为了实现自己的理想和抱负；中年时，学习是为了补充我们那空洞的心灵；老年时，学习则是一种意境，是一种更上一层楼的风景。

其实，自古就有"活到老，学到老"的观念，而且有的人虽然贵为国君，也没有停止学习的脚步。

春秋战国时期的晋平公，是一位很有作为的国君，学问也相当不错。但是，晋平公到70岁的时候，还希望自己能够多读点书，多长点知识，因为他总觉得自己所掌握的知识太有限了。但是，我们也知道，古人在四五十岁的时候就已经算是老人了，更何况此时的晋平公已经是70岁的高龄了呢？这个时候再去学习，姑且不说会不会有收获，其中的困难是可想而知的。而晋平公对自己的能力虽然也很自信，但对于学习，他还不至于那么自负，于是他去询问一位名叫师旷的贤臣。

师旷也是一位老人，而且双目已经失明了，但他却博学多智，虽然眼睛看不见，心里却一直很明亮。晋平公对师旷说："我很想再多读一些书，多长点学问，可我现在已经是70岁的人了，确实是老了，到现在才想起学习是不是太晚了呢？"

师旷回答道："您既然说太晚了，那为什么不把蜡烛点起来呢？"

晋平公不明白师旷的意思，便责备道："我现在在跟你说正经话，你跟我瞎扯什么？有你这样当臣子的吗？"

师旷见晋平公生气了，便赶紧微笑着解释道："大王，您误解我的意思啦，我只是一个双目失明的人，又蒙大王错爱，怎么还敢跟大王瞎扯呢？我也是在认真地跟您谈学习的事啊！"

晋平公一愣，说："哦？跟我谈学习的事？此话怎讲？"

师旷说："大王，我听说，人在少年的时候学习，就如同获得早晨温暖的阳光一样，那太阳越照越亮，学到的东西也保持得很长久；人在壮年的时候学习，就好比中午的阳光一样，虽然阳光已经走了一半，但力量还很强，而且时间也还有很多；人到老年的时候学习，虽然已经日薄西山，没有了阳光，但还可以借助蜡烛，虽然蜡烛的光亮很有限，可也总比在黑暗中摸索要好多了啊！"

晋平公一听，顿时恍然大悟，高兴地说："你说得真是太好了，的确是这样，我知道该怎么做了！"

是的，对于学习，只要你愿意努力，任何时候都不晚，而且从来就没有学到头的时候。纵观历史，我们不难发现有很多大器晚成的人物，比如"唐宋八大家"之一的苏洵，他是到 27 岁时才开始发愤学习的，但他学了一年多之后，就自以为差不多了，于是就去参加科举考试，结果落榜了。这才使他意识到学习的确不容易，要取得成果，非得下苦功不可。于是，苏洵从此谢绝宾客，日夜攻读，手不释卷，这就是《三字经》所描述的"苏老泉，二十七，始发愤，读书籍"。这样经过了将近十年的努力，苏洵终于文才大进，下笔如有神助，成为一名杰出的散文家。

而在当今的职场中，我们的学习压力实际上远大于在学校。比如，刚刚进入一家公司时，我们要学习公司制度，了解公司的产品和服务，掌握市场方向，洞悉客户心理，适应团队协作，学会与同事沟通，熟悉公司的渠道策略、产品研发、销售策略和竞争策略；走上管理岗位后，又要开始学习如何制订目标、制订战略等。可以说，这是一个全方位地学习和再造的过程。

因此，只有保持学习的心态，才能使我们达到举一反三、触类旁通的境界，逐渐形成一套自己的工作模式和人际沟通风格。

5. 不要孤军作战

当我们还是学生的时候，往往是以个人的身份与他人相处。在学校里，很多人其实都是单兵作战，在某些情况下——比如求职、升学、考试、评优、奖学金评定，甚至自习课占座位，这些实际上都是单兵作战。

而在公司里，一切工作要以团队协作的方式展开。你是团队的一分子，与你的同事以及其他部门之间是协作而非竞争的关系，你必须依靠你的同事，也必须成为他们可以依靠的人。只有经由团队合作，你的价值才能显现出来。

美国著名的篮球巨星迈克尔·乔丹曾经说过："一名伟大的球星最突出的能力就是让周围的队友变得更好。"所以，如果你无法适应团队协作，你就无法被团队接纳，受到同事们的欢迎。

清代思想家魏源，在很早以前就曾经向国人介绍了"公司"的概念。他在《海国图志》中对公司的解释是："公司者，数十商辏资营运，出则通力合作，归则计本均分，其局大而联。"从魏源的这几句话中我们不难看出，通力协作恰恰是公司的本质。

对于一家公司而言，可以这样说，有一个能够把事情做到 90 分的明星员工，远远不如一支能保障事事不低于 60 分的团队。同样的道理，一支明星团队所能发挥的力量，也远远不及各个部门之间的顺畅配合与协作。

所以，是否善于利用身边所有能利用的资源，是否善于与人协作，标志着你是否是一名公司真正需要的成熟的员工。当然，"不要孤军作战"同时也意味着你要学会与公司的同事和其他部门的人员进行无私的分享，主动为团队协作贡献个人的力量。

6. 主动培养人才

由于身处新兴市场，机会层出不穷，中国的很多公司都在经历高速甚至超高速成长，这也给身处职场的年轻人以快速成长的机会。目前，很多有实力的公司，其员工的平均年龄基本上都在 25 岁左右，很多人在参加工作两三年后就当上了主管、经理、高级经理甚至更高的职位。

所以，作为一名职业经理人，当你除去业务职责，还负有管理职责时，任用什么样的人就成为一个关键的抉择，甚至是两难的抉择。不少职业经理人担心新人的脱颖而出会影响自己的前途，担心"教会徒弟，饿死师父"的事情发生；而任用能力不如自己的人，往往又会陷入为下属"救急"和"善后"而无法脱身的窘境。

事实上，作为职业经理人，在管理岗位上能走多远，取决于他所管理的人有多优秀。很多著名跨国公司都明确规定，要想获得升职，就必须为自己原来的岗位找到至少两名优秀的接替者。这样的规定，不管是对于公司，还是对于管理者本人来说，都是合情合理的。因为在蒸蒸日上的公司内部，如果你的部门没有优秀的人才，就会成为整个公司前进的掣肘，这也将直接导致你自己的成长脚步会放缓甚至停滞。

所以，任用最优秀的人才，不仅要有胸怀，更需要眼界。寻找比你自己更优秀的人才，最终会成就你自己，因为这样才可能让你放开视野，着眼更高的目标，你的团队才会是公司里最有竞争力的团队，你的公司才会成为整个行业里最具潜力的公司。

案例　百度公司 CEO 李彦宏：众里寻他千"百度"

在还没有创建百度公司之前，李彦宏就已经跻身全球最顶尖的搜索引擎工程师行列，其拥有的"超链分析"技术专利，是奠定整个现代搜索引擎发展趋势和方向的基础发明之一。创建百度公司后，李彦宏更是多次被评为"全球最佳商业领袖"、"中国最具影响商界领袖"等荣誉称号。那么，19 岁就进入北京大学读书，23 岁远渡重洋赴美国求学，31 岁创建百度公司的李彦宏，到底是如何一步步走向成功，最终成为中国顶级 CEO 的呢？从他的经历中，作为职场新人的我们，又会得到哪些启发呢？

做自己最擅长的事

2006 年，在《鲁豫有约》节目采访中，李彦宏第一次在公开场合谈起了自己的"成功秘诀"。

二十年来，李彦宏一直在用自己的行动实践着这句话：一定要做自己喜欢并且擅长的事情。

2005 年，百度公司上市后，就不断有人来劝李彦宏："百度现在有钱了，应该涉足网络游戏，多个赚钱的业务……"那时网游在中国已经非常热，国内的互联网企业纷纷跻身网游运营商的行列。然而李彦宏的回答始终是"No"，理由很简单，这不是自己所擅长的。

2007 年，中国一家门户网站自主研发的在线游戏收入达到上千万美元，在纳斯达克一石激起千层浪，一条清晰的坐拥用户群就可以赚到丰厚回报的赢利模式出现在大家眼前，这个行业更热了，业界的大公司纷纷把网游定为战略级产品部署重兵。

这天，有人拿着一组数据翔实的调研报告来找李彦宏："从百度社区的用户来看，其中很多人都是网络游戏的玩家，他们每天花在网络游戏上的时间比在搜索和社区上的都长，既然用户有这方面的需求，我们是不是可以着手尝试涉足网游，让他们在百度平台上得到满足？"

李彦宏仔细地看完数据，平静地反问："数据确实证明了需求，但是我们做网游的优势又在哪里？"

"我们有这些用户啊！其他这些网站也都谈不上什么优势，只要有用户、有需求，就可以运营起来了。"

李彦宏缓慢地摇了摇头，坦白地说："刚回国的时候我就已经看到了中国网民对网络游戏的热情高于其他任何国家的特殊形势。但我自己从来不玩网游，很长时间都搞不懂网游。我想，对于这种自己都不喜欢，更不擅长的事，即使商业机会摆在那儿，我也肯定做不过真正喜欢它的人。所以我选择了搜索。今天你让我选，我还是会这样选。"

"这个行业的利润比我们做搜索高多了！我们有这么充足的用户需求却不做，实在太可惜了。"

李彦宏想了想说："那么，我们可以尝试通过合作的方式，为网游厂商提供一个推广平台，让真正喜欢的人来做他们擅长的事，我们只在里边起间接作用吧。"

于是，作为推广方式的第一步，百度游戏频道诞生了。业界很多人分析百度要进入网游领域分羹，分析师们也总是不停地探问，百度什么时候开始进入网游行业？而李彦宏从不为之所动，他的回答是明确的："暂时没有这个打算。"

出于同样的原因，在 2003、2004 年好多人劝百度投入 SP（移动互联网服务内容应用服务的直接提供者）业务"捞钱"时，李彦宏都以"这不是百度擅长的事"为由拒绝了。正是这样的取舍，才使百度能够专注于自己喜欢且擅长的搜索领域，最终获得了巨大的成功。

诚恳的回报

1999 年冬的一个深夜，在北大资源宾馆内，李彦宏正带着几个工程师赶项目。此时，手机骤然响起，电话是美国的一位投资人打来的。寒暄几句后，对方突然问："这个项目要多久可以完成？"

"六个月。"李彦宏回答。

对方停顿了一会儿，似乎对这个回答不是很满意，接着又问："四个月行吗？如果可以，我们给你追加 50% 的投资。"

当时刚刚创业，公司需要很多资金来购买设备、找到最优秀的人才，有了更多的投资，能多做很多事，但李彦宏拒绝了："对不起，我们做不了。"

他的理由是推出一个有把握的产品，时间是六个月，减少两个月，不是没有可能做出来，但质量会打折，他不能冒险。

几秒钟的沉默后，对方突然一阵开怀大笑，对李彦宏说："对您诚实的拒绝，我感到非常满意，因为这反映出您是一个很真实和稳重的人，把钱投给您这样的人，我们很放心。"

最后的事实也证明了这位投资人的判断——由于诚实守信、质量可靠，百度在短短的三年之内，就从一个小网络公司成长为全球最大的中文搜索引擎公司。随着百度的上市和迅猛发展，短短几年，这位投资人的投资获得了上千倍的回报，创下了全球私募基金在亚洲有史以来投资回报的最高纪录。

在全世界范围内找人才

2003 年底，时任百度上海分公司的总经理旭阳问李彦宏："百度走到今天，成功的主要原因是什么？"

李彦宏说："这事我还真想过。大概有这么三条：第一是专注；第二是商业模式的适配性；第三是人才。"

紧接着，李彦宏又补充说："我一直是找比我厉害的人，找业界最强的人。如果我有一个位置空出来的时候，我马上就想，如果说全世界的人随便我挑，我会让谁来坐这个位置，第一候选人是谁，第二候选人是谁。我们要尽可能让最优秀的人加盟百度。"

这个故事被另一位上市公司的老板听到后，连连赞叹，"李彦宏了不起！"有人问："为什么？"那位老板说："我招人，眼睛最多盯着中国，不会想到全世界，可李彦宏挑选人才，一开始就站在全球高度上了。"

事实的确如此，正是李彦宏的全球选才之道，才使百度拥有了越来越多的顶尖人才。两任 CFO 就是典型的例子。

2004 年初，李彦宏希望公司建立起严格的、公开的、透明的财务制度，为公司在美国纳斯达克上市作准备。他需要一位好的 CFO，便委托一家全球最顶尖的猎头公司在全球范围内为百度寻找一位这样的人。

海德思哲找来了很多的人，李彦宏一轮一轮地面试，都不很满意。直到有一天，当时是普华永道亚洲区合伙人的王湛生出现在李彦宏面前，在谈了两个小时后，李彦宏意识到，这个人就是当时百度能在业内找到的最好的人选。因为这个人不仅财务好，而且年轻，又是个网虫，他看得到互联网的前景，也知道搜索引擎的价值所在，更为难得的是，还是个非常富于创造力和激情的人。

那天，由于王湛生急着要去赶飞机，所以两个人匆匆道别。

王湛生刚出门，猎头公司的人打来电话，兴奋地对李彦宏说："我们又找到了几个候选人向您推荐，什么时候您有空儿可以安排见面？"李彦宏笑了笑，说："后面的不用见了，我已经找到了最好的CFO。"

王湛生加盟百度之后，用百度在纳斯达克上市的精彩一幕向全世界证明了李彦宏的眼光，他的确为百度请到了全世界最好的CFO。

遗憾的是，2007年底，王湛生因为一次意外而不幸去世，这对百度是极大的损失。

这时的百度已经很有名气，许多猎头公司都盯着百度这单大生意，一些在此行业中颇有资历的人也主动找到李彦宏想来坐这个位置。

李彦宏心中虽焦急，却自有他的方寸——百度已经上市，公司大了，财务制度的规范透明已不成问题，而财务管理控制成了头等大事。

一个偶然的机会，他拿到了Jennifer的简历，这个人虽然没有互联网行业的相关背景，但推荐人告诉他，这位在通用汽车金融公司主管财务多年，并担任过中国通用汽车CFO的中国女性，有着大型公司财务管理与成本控制的丰富经验，而且极为敬业。李彦宏眼前一亮，他立即与Jennifer约定在旧金山见个面。

这次专程的美国之行中，Jennifer的职业精神给李彦宏留下了深刻印象。通用汽车金融公司的办公地点在底特律，为了既见李彦宏又不耽误工作，她安排了当天往返的行程，来回一共飞了十个小时，而面谈只进行了两个小时。

李彦宏回国后不久，Jennifer就加盟了百度，在此后的一次公司内部沟通会议上，李彦宏开心地与大家分享了请来新任CFO的经历，他说："我相信，这样一个高职业技能和职业素养的人，一定能把百度的财务管理带到国际的高度。"

在2008—2009年全球经济危机来临之际，Jennifer用她优秀的财务管控能力为百度向纳斯达克交出了令人信服的业绩；不仅如此，她更以她出色的沟通能力，让投资人重新认识了百度的价值，对百度充满信心，在市场仍然一片肃杀之际将百度股价推上了新高，为纳斯达克留下一抹惊艳的中国红。

正如对这两任CFO的挑选，李彦宏一直力争在每一个岗位上都找到最优秀的人才，这也是百度能取得成功的最主要的原因。

把分享当成习惯

2004 年年初，负责百度商业搜索产品研发（简称 Ecom）的员工子正遇到了个挠头的问题。

随着百度商业产品的发展，原来推广结果的精确匹配模式已经不能再适应客户的需求了，Ecom 准备立项开发"智能匹配"系统，希望只要是跟用户搜索的关键词匹配的相关推广结果都能呈现出来。这个匹配的相关性，就成了这项任务成败的关键。

让子正着急的是，Ecom 之前的经验主要是如何搭建商业产品的管理信息系统，怎么"把关键词给匹配好"对他来说完全是个新课题，不仅要从头摸索，而且也无从下手啊！他正在发愁，Outlook 里飞来一封邮件，来信者不是别人，正是李彦宏。

李彦宏在信里说，"在相关性方面，网页搜索（PS）和搜索新产品（NS）团队都积累了不少研究成果，Ecom 不必再从头摸索，可以向他们请教。"同时，这封邮件也抄送给了 PS 和 NS 的相关人员。

子正皱了几天的眉头一下子舒展开了，他赶紧开始给 PS、NS 写信约时间当面请教。谁知这信才写了两行，PS 团队的邮件就跟来了：

"听说 Ecom 的新项目也涉及相关性了，PS 多年来在这方面有不少积累，包括分词等基本问题都有很好的解决方案，在×××能够以基础库的形式直接调用；这些积累还包括一套能提高查询串与一段文本的匹配相关性的方法，具体是……

"做相关性一开始可能会遇到×××问题，还可能有××××困难，其中×××是最重要的……"

子正后来对团队里的工程师说，看到这封信，简直就像张无忌遇到《九阳真经》，"乾坤大挪移"的神功开始在他脑子里从一团虚无缥缈，转化成代码雏形。

这时，桌上的电话响了，是 NS 的一位经理打来的："嗨，子正，你们也开始做相关性啦，我们当时做的时候，从 PS 那儿学来好多东西，我们又发展了一些，我们有个内部培训的 PPT，你看你什么时候有空儿，我们给你介绍一下吧。"

"好啊，谢谢！谢谢！"子正非常兴奋，赶紧定了时间和会议室，在邮件里也不用过多地客套，直奔主题，约好大家一块儿讨论就是了。

开完会，子正激动地回信给李彦宏："PS 和 NS 的同事真是太 nice 了，他们提供的那些'相关性'的经验教训，让我们感觉自己一下子站到了'巨人'的肩膀上，现在我们对完成任务已经有了信心和思路！"

不久，李彦宏回信："很好，Ecom 在相关性方面取得的经验教训，也请主动拿出来和其他团队分享。每一次分享，都会使百度更快、更强。"

要问百度人这种主动分享的精神从哪里来，还得从"七剑客"时期说起。百度刚刚创立之时，李彦宏就把主动分享的习惯赋予了它。他常常跟大家讲："无论你是获得了新的知识、教训，还是遇到了困难，都应该拿出来与大家分享，不要让别人重走弯路，这样我们的速度才能更快。"

在李彦宏的带动下，百度人话都很多，早上，聚在小会议室吃油条、喝豆浆的时候，会嘻嘻哈哈带点儿自嘲地分享昨天某某写代码时犯的错；工作中突然遇到一个问题，卡住了，就去打扰一下身边的同事，一起辩个结论出来；独自在家时突然产生了一个重大的灵感，马上打开电脑梳理思路，兴奋地给大家群发个邮件请求拍砖……

这样的故事日复一日、年复一年地在百度发生着，于是，主动分享就成了每个百度人的习惯。

永不满足

百度的牛人多，随着百度市场份额的不断增大，在行业里一骑绝尘，一些大牛儿们说话时也越来越牛。

一次，李彦宏在一个产品讨论会上问起大家对竞争对手的一项新技术的看法，没想到，好几个人都非常轻视地表示出"我看没啥前途"的态度，另外一些人则表示还未来得及关注研究。

没有人察觉到，李彦宏轻轻地坡了一下眉头。就在下一个总监会议结束前，李彦宏走上前台，专门给大家分享了他精心准备的一份礼物——那是苹果公司创始人、CEO 乔布斯在斯坦福大学毕业典礼上的演讲词。这段演讲的题目是"stay hungry, stay foolish"，即"求知若渴，虚心若愚"。

李彦宏说："当我们满足于现状的时候，倒退、挫折就会到来。每一个百度人，永远不要满足，永远要记住，始终保持'饥饿'与'愚蠢'，让自己不断学习，不断进取。这样，公司才能更迅速地发展，每一个百度人，也才能跟上公司的成长。如果我们不能不断学习，就会被市场所淘汰。"

2009 年 7 月，李彦宏在一次公司全体经理以上员工参加的战略沟通会上宣布了百度提拔干部的三个重要标准，而"保持学习的心态"赫然列于其中。

在百度工作时间稍微长一点儿的人都知道，李彦宏本人就是一个非常热衷学习的人。在过去的十几年当中，他从来没有离开网络超过二十四小时，每天早上起来，他都会上网看看业界新闻和产业动态，看看有什么新的知识和现象需要学习和研究。一直到今天，李彦宏这种持续学习的激情都没有改变。

第四章
不可或缺的
职业生涯规划

　　从很大程度上来说，选择职业就是选择一种生活方式。选对了职业，你的生活质量也会因此而获得极大的提升。所以，做好职业生涯规划是每一个人都应该做的事情。马克思在《青年在选择职业时的考虑》中这样说："如果我们选择了并不胜任的职业，那么我们绝不能把它做好，我们很快就会自愧无能，并对自己说我是无用的人，是不能完成社会使命的人，由此产生的结果，必然是妄自菲薄。"那么，初入职场的你，应该如何选择自己的职业呢？对于自己的职业生涯又该如何规划？

命运是一件很不可思议的东西。虽人各有志，往往在实现理想时会遭遇到许多困难，反而会使自己走向与志趣相反的路而一举成功。我想我就是这样。

——松下幸之助

1. 为何而工作

有时候，为何而工作比做什么工作更重要。那么，我们为什么而工作呢？

对于这个问题，答案可以说是五花八门，有人说："我毕业了，当然要工作。"有的人说："工作是为了养活自己，养家糊口。"有的人说："工作是为了赚更多的钱。"还有的人说："我有工作能力，工作是天经地义的事情。"也有人说："工作是为了实现自己的梦想和追求。"但无论是什么样的回答，归根结底都是为了满足自身的需要。

我们不能否认，工作的直接目的确实是为了满足自身的某些需要，但这绝不是工作的最终目的。事实上，从一个人踏上工作岗位的那天起，他就在为自己所服务的社会提供一定的价值，如果有一天他无法再提供这样的价值，那么对于社会来说，他也就没有了存在的必要。换句话说就是，只有你能够为他人提供某种价值，你才能被认可，才能得到你想要的回报，而这也正是工作的原因。如果你忽略了这个问题，就无法调整好自己的工作心态，也享受不到工作带来的愉悦和成就感，更别说实现自我价值和取得成功了。

一个城市人病了，亲朋好友来探病的时候安慰他说："你什么都不用担心，你就放心养病吧，家里的事情有我们！"老板和同事来探病的时候安慰他说："工作上的事你什么都不要担心，我们都替你安排好了，你只要好好养病就好了……"

一个农村人病了，他妻子和孩子来看望他，妻子认真地告诉他说："你一定要快点好起来，家里很多事情都需要你来拿主意。"孩子对他说："爸爸病了没有办法工作，也不能陪我玩了，爸爸一定要快点好起来。"

几个月后，城市人在亲人、朋友、老板、同事的一声声"你放心吧"、"你好好养病吧"的安慰声里，认为已经没有人需要自己，渐渐地他觉得自己没有了活着的意义，战胜病魔的信心和勇气也没有了。最后，他在失望中离开了这个世界。

而农村人在妻子和孩子的"我们需要你"的呼唤中，感受到了自己的价值，他希望自己要尽快好起来。最后，在强烈的求生欲望的驱使下，他终于战胜了病魔。

可以说，被别人需要是人的一种天性，也是一个人的价值之所在。一个人如果不被他人所需要，他的存在也就失去了意义。同样，当你的工作不被公司需要，即使不被公司辞退，你也会因为感觉工作没有价值而最终选择离开。所以，要想创造更多的价值，你就必须在工作的过程中善于发现和挖掘个人的价值，尽可能地发挥自己的优势。这样，你才能通过工作实现自己更大的价值。

事实上也确实如此，只有想清楚自己为何而工作，你才能知道自己工作的真正意义，并以良好的心态投入到工作当中，将工作做得更出色，从而实现从平庸走向卓越的目标。因此，当你抱怨自己找不到工作的时候，请先静下心来，认真地想一想：你到底为了什么而工作？你能创造多少价值？你所能创造的价值与雇用你的公司所需要的有多大差距？你又该怎样去缩小这种差距？等你想通了这些问题，你就不会对工作和未来感到迷茫了。

2. 职业生涯规划比努力更重要

人的一生有五个重要时刻：出生、死亡、求学、求职、求偶，这里面包括事业和家庭的建立。生和死是没有办法选择的，但求学、求职、求偶是可以选择的，而这三大选择，实际上也影响着你的一生。尤其是求学和求职，更是息息相关的。

麻省理工大学心理学家雪恩认为，人的生命是由三个旋律构成的交响乐，工作职业事业、感情婚姻家庭和个人成长。所以，工作和职业是非常重要的，工作是我们成为一个真正的社会人的立足之本。不工作行不行？有人做了一个实验，在实验中提了这样一个问题：如果你中了一个大奖，能令你一生衣食无忧，你还工作吗？结果大部分人的回答还是要工作的。

由此，我们可以进一步推论，选择职业其实就是选择一种生活方式。

选对了职业，生活质量也会因此而得到提升，所以做好职业生涯规划是每一个人都应该做的事情。

每个人都有自己的特点，认识自己的特点，把自己的潜能发挥到极致，就可以实现自己的目标。社会有很多分工，只要认识你自己，找到自己感兴趣的东西，就可以乐在其中。我们经常和别人比，却忘记了自己真正要的是什么。比如，上大学之前所有人的目标都非常相似——考上大学。但进入大学后，这个目标从此就分化了，没有什么可比的，每个人走自己不同的路，谁好谁坏没有具体的标准，谁都可以做自己想做的事，拥有自己想拥有的人生。只要很明确地知道自己想要什么，并为此而坚持不懈地努力，那么你就是生活的幸运儿。然而，遗憾的是，并非每个人都有明确的职业规划，总有一些人对自己的职业生涯没有规划，不知道自己到底能干什么、适合干什么。

兰奇大学毕业四年了，在这四年里，他已经换了七八份工作。兰奇大学学的是市场营销专业，他不排斥也不是特别喜欢自己的专业。大学毕业后，兰奇通过亲戚的关系在本地一家事业单位做了文员，但是一直是合同工性质而没有编制。一年后，该单位进行人事调整，兰奇没有悬念地成为了最先被调整掉的那部分人之一。在之后的两年里，兰奇断断续续做过行政助理、市场专员、销售助理、客户经理等工作，但是每份工作都做不长久，他不清楚自己下一份工作是什么、能做多久。看着同一年毕业的同学一个个都有了家庭和自己的事业，没有创业的也有了自己喜欢的工作，一事无成的兰奇感到很难过，但又无可奈何。

兰奇因为缺乏对自我的准确定位以及长、中、短期规划，所以往往被工作牵着鼻子走，遭遇职业危机便茫然失措，不清楚自己下一步应该怎么办，只能去碰碰运气。由于没有能力也没有确定自己的定位和职业生涯规划，兰奇只能选择托关系进了相对来说比较安稳的单位和从事比较轻松的工作。遭遇人事变动后，重新求职时，却没有一份工作能做得长，根本不清楚自己想要什么，适合自身的职业发展方向在哪里，自己的长、中、短期能实现的职业目标又是什么。如果兰奇不先针对自身的情况结合职场的发展趋势进行综合剖析，确定自己的定位和职业生涯规划，找对方向和平台，脚踏实地去走适合自己的道路，那么接下去还是会重复以前的路径。这样一来，遭遇职业危机的几率就更大了。

职业生涯规划是在职业上求得发展的前提和基础。任何盲目的努力，都不会取得最好的成绩，就像大海上没有目的地的航船，不管花费多长时间，都难以到达目的地。很多人之所以到了 40 岁仍然在职场上默默无闻，原地踏步，甚至碌碌无为，混日子等退休，时刻面临着被淘汰出局的危险，不是因为运气不好或者没有更好的机会，而是因为他们没有明确的职业生涯规划。

有人说"没有计划，就是计划失败"，这话一点不错，而且也非常适用于职场。如果没有计划，抱着走一步算一步、混一天算一天的想法，从来不曾想过作一个长期的职业规划，那么总有一天，你会为自己的这种行为付出代价。

小榄找工作已经有三个月的时间了。从 2004 年大学毕业开始，小榄一直在自己的专业领域打拼，从最开始的助理技术员到后来的项目经理，小榄走得比较顺利。但是因为金融危机，小榄所在的公司被兼并，小榄"光荣下岗"了。突如其来的职业危机出现，毫无准备的小榄被"打"得措手不及。在接下来的时间里，小榄开始找工作，但并不是很顺利。因为自己的家庭负担比较重，小榄找了三个月工作还没有结果，就开始焦虑起来，最初他精挑细选，但现在已经开始大量投递简历，只要和自己搭边的岗位，小榄全部进行了投递，但一直没有找到工作。如今小榄已经待业一年多，不但经济上陷入了困境，也因为巨大的精神压力而患上了严重的失眠症。

小榄虽然有自己的大方向，但是没有去主动把握自己的职业道路，也没有制订系统的职业生涯规划，导致出现职业危机后就完全乱了阵脚。

一个成功的人生一定是合理规划的结果，读书的时候，要有学习计划；工作的时候，要有工作计划。职业生涯同样需要计划，有了计划，你就能更好地把握未来，而没有计划，你将会陷入失败的沼泽地。

事实证明，科学的职业生涯规划比努力更重要。因为如果没有计划，我们的勤奋、敬业、忠诚就如同建立在沙堆上的空中楼阁，谁也不知道会在什么时候坍塌。所以为自己制订一个科学的职业生涯规划至关重要。

3. 创业还是打工

如果不是天时、地利、人和都具备，刚大学毕业就开始创业是不现实的，所以大多数毕业生的必然选择就是先找一份工作。同时，大多数人都想过要有一份自己的事业，不能一辈子打工。如果条件具备，那么工作一段时间之后，出来自己创业就是顺理成章的事。但很多人的想法是，给人打工有点不甘心，自己创业又有点底气不足，于是他们在打工和创业之间摇摆不定，始终下不了决心。

程依和木子在同一天进入一家企业担任不同部门的经理。程依在好几家不同行业不同类型的公司工作过，他聪明、有潜力、有创意，但是做事不太稳重，希望通过打工学习经验，等条件成熟，他想自己出去创业，然后做出一番不凡的事业。木子以前在两家外企分别做过两年，与程依相比，木子虽然显得才智平凡，做事中规中矩，但他清楚地知道自己不具备独立创业的素质和能力，而是比较适合做职业经理人，也有很清晰的职业目标和规划。进入公司后，两个人有相同的职位，业绩也不相上下，却有着不同的工作心态。程依想学习经验为创业作准备，于是仅仅关注工作的质量和个人的成长，对于企业的一切规范和礼仪都不放在心上，他认为将来要自己创业，关注这些是没有用的。但有时他也觉得这家公司很有发展前景，待遇也很好，长期做下去也可以。再加上他的聪明和创意，很快他就成为企业上下公认的"怪才"。

木子则每时每刻都注意言行，只要有同事在场，他都会用开会讨论总结发言的风格来说话。这让程依觉得木子有些做作，但木子的成熟得体却得到了公司上下的认同。几年过去了，木子被提拔为区域经理，成为程依的上司。

程依对这次提拔有点不满，因为他的工作做得都不比木子差，甚至有些方面他的能力和业绩比木子更好。但长久以来，由于程依的态度，使得上司只看见木子的成绩，对程依则不是那么满意。当程依认真思考自己的未来时，才发觉自己离创业的目标依然很远。因为他只是想创业，却没有真正为创业作过多少准备。再看看现在这份工作各方面都不错，创业的冲动似乎也不是那么强烈了。程依开始困惑，以后的路，到底应该如何走下去？

有人说过，如果你想同时坐在两把椅子上，那么最后就很可能从椅子的中间摔下来，因为两把椅子比一把更不容易保持平衡，摔下来是必然的。可在现实中，不少人却同时"坐"两把椅子，甚至同时"坐"更多的椅子。从上面的这则案例中，我们不难看出，企业之所以要提拔木子而不提拔程依，很大程度上就是程依自己的想法影响了他的行为，觉得打工不如意的时候，自己还有一条后路去创业，创业没机会的时候自己还能旱涝保收地打工，左顾右盼以至于影响了工作。所以，是打工还是创业，你一定要尽快作出决定。

那么，到底是打工还是创业？要明白这一点，你就要明白成功创业所必备的条件。

（1）要有足够的资源。很多人在初次创业的时候，资源都是十分欠缺的。资源不足，使企业创业成功的概率降低。一般来说，创业资源要符合两个条件：一是要有进入一个行业的起码的资源，二是具备差异性资源。如果两个条件均不具备，创业成功的可能性就很小。

创业资源条件主要包括如下几个方面：

业务资源：赚钱的模式是什么；

客户资源：谁来购买；

技术资源：凭什么赢取客户的信赖；

经营管理资源：经营能力如何；

财务资源：是否有足够的启动资金；

行业经验资源：对该行业资讯与常识的积累；

行业准入条件：某些行业受到一些政策保护与限制，需要有资格才能进入；

人力资源条件：是否有合适的专业人才。

以上这些资源，虽然创业者并不需要100%的具备，但至少应具备其中一些重要条件，其他条件可以通过市场化方式来获取。创业者如有足够的财务资源，其他资源欠缺也可以弥补；如果有足够的客户资源，其他资源的欠缺也容易改变。

（2）要有失败的心理准备。创业前要认真思考、反复评估，考虑成熟再行动。除了要有足够的资源准备外，心理准备最重要。以下几个方面的问题，值得好好地思考。

第一，为什么要创业？是否有足够的决心去承担风险？如果需要创业的话，已经取得的利益是否舍得放弃？

第二，自己的核心资源优势是什么？已经具备了哪些条件，是有足够的资本和行业经验，还是有了足够的客户资源和技术创新？自己是否具有商业运作能力？是否拥有战胜潜在的竞争对手的优势？

第三，是否有足够的耐心与耐力度过创业期的消耗？走过创业瓶颈阶段需要多长的时间？

第四，自己创业面临的最大风险是什么？如果创业失败，那么自己会面临的最坏结果是什么，你是否承受得起这样的结果？

当弄清楚上面的这些问题之后，你就可以决定是否创业了。很多创业者之所以会失败，就是因为创业前心理准备不够就匆匆忙忙进行创业，以至于失败得一塌糊涂。

4. 不要轻易跳槽

如今，跳槽已成为整个社会的流行语，很多人在公司待了不过几个月，就开始想要不要跳槽，该不该跳槽。特别是一些有一技之长或是刚毕业的年轻人，他们总是这山望着那山高，今天一个地方，明天又跳到了另一个地方，曾有人幽默地说，如今的人就像脚底踩了风火轮一样，一年不见面，到原单位找人找到的概率还不如到广场上兜风碰上的概率高。这话虽说夸张了些，但也从另一面反映了现在跳槽频率之高。

跳槽，几乎是每一个职场人都会遇到的职场经历，合理的职业流动能让企业在不同发展阶段下更好地引入合适的人才。然而社会的浮躁风气，让更多职场人变得急功近利，越来越多的人期望通过频繁跳槽来获取更多的利益，企图在最短的时间内实现人生的积累，那么，他们的这些愿望能够实现吗？

何琳是2005年某名牌大学工商管理专业的毕业生，因喜欢人力资源管理工作，毕业时为了找到专业对口的工作，她进入了某制造企业开始了他的HR从业历程。由于公司管理混乱，人力资源部门的工作许多方面都做得不够专业，她希望自己能够在HR这个职位上全面发展，于是2008年初她辞职跳到一家国际货运企业做了招聘专员。但跳槽之后没多久，她发现该企业承诺的薪酬始终无法兑现，于是半年后她再一次跳槽到了另一家民营公司担任培训专员。但是由于受到金融危机影响，何琳所在的民营公司的经营状况受到很大影响。2009年春节前，何琳所在的公司宣布破产，何琳一夜之间丢了工作，无奈的她只得加入了金融危机下求职的大潮，但求职近百次之后也没有找到工作。身心俱疲的何琳不得不反思自己频繁跳槽所带来的恶果。

频繁跳槽所引发的连锁反应对求职者心理产生的影响非常大，稍不留神很可能就导致整个职业生涯受到影响。因为跳槽意味着一个新的开始，你以前获得的成就和工作经验就此一笔勾销，你将开始重新创业。因此，不管是出于什么原因，当你想跳槽的时候，一定要三思而后行。

有些求职者只看跳槽后的职位高低，却不去考察新公司的环境和文化，结果与新公司的企业文化很难融合；有些求职者跳槽时只认准了一个热门行业，却忽视了自己的兴趣和专业背景，结果导致求职失败；也有一些求职者一味追求高薪，却忽视了自己的工作能力与职业规划，放弃了眼前的工作选择跳槽到陌生的领域，结果是"赔了夫人又折兵"。其实，频繁跳槽本身对用人单位就像是颗"定时炸弹"，企业往往会对其稳定性产生疑问。所以跳槽者在频繁跳槽的过程中又无形中增加了求职的难度。因此，当跳槽成了一种随性行为，跳槽也就变成职业生涯发展中的一个致命杀手了。

国际金融专业出身的江雨在一家有三四十人规模的公司从事文秘工作。她已经在这家公司做了四年，每月的工资已经上调到了四千，但江雨知道，这个工资水平已经是这家公司这个职位的极限了，所以随着"金九银十"的职场黄金季节的到来，很多同事都跃跃欲试，江雨也想试一试。

她想换一个工作种类，因为她觉得文秘毕竟是一个青春饭碗，自己不可能一辈子做文秘。但是她不知道做什么好，因为她以前所学的专业知识早就在日复一日的公司杂务中忘得精光了，要从事金融方面的工作根本就无从做起。

最后，江雨想到市场营销的进入门槛较低，收入的增长空间也比较大，再加上她自己也很喜欢和人打交道，于是很快就转行做了市场营销。但她没想到，营销工作根本就不像自己想象的那么好做，由于没有经验，江雨在一家销售公司做了三个月的销售之后，就因为一直没有业绩被辞退了，更不要提赚钱了。

相信很多人都曾有过江雨这样的经历，本想跳到一个比较好的公司，换一个工作种类和环境，结果却事与愿违。其实这些人只是受到了别人的影响，或是不安于现状，很想要有所改变，而事实上，他们却并不清楚自己究竟适合做什么，又能够做什么，或是应该往哪里跳，拿什么资本去跳等，结果栽了大跟头。

其实，幸福与不幸福原本是没有一个固定标准的，适合别人的不一定适合你，甚至还可能是你的束缚。如果不是出于自身发展的需要，而是人云亦云，盲目从众，你就很难得到自己真正想要的东西。因此，在跳槽前，你一定要想清楚自己想通过这种方式获得什么。

要想跳槽成功，必须先具备三个因素：需要、方向和资本，如果这三个条件都不具备，那么你最好还是待在原地。

（1）先考虑好有没有必要跳槽。很多人跳槽的主要原因是为了得到更高的薪水，但事实上，改变薪水的不是跳槽，而是你的职业发展。如果你的跳槽无助于你的职业积累和发展，那么这样的跳槽就是不理智的。如果你在一家公司感觉处境不妙，不但无用武之地，可能连开展正常工作都很困难，无法学到更多有用的东西，那么你就不要再浪费时间和精力，而要及时做好跳槽的准备工作，然后付诸行动。

（2）要明确自己发展的方向。错误地肯定自己能干什么，比不知道自己适合干什么还要糟糕。很多跳槽没成功的人，就是因为没有确定好方向或是方向不对，以至于跳来跳去总也找不到归属感，甚至还会越跳越往下"掉"。因此，即使你有很好的跳槽动机，但却没有明确的发展方向就突然跳槽，你就没有足够的求职优势，甚至还会碰一鼻子灰。因此在你还没确定好方向时，不宜跳槽。

（3）要有足够的资本，才能果断跳槽。如果没有一定的资本，或是无法利用原有的工作经验，那么你再怎么跳也于事无补，甚至是越跳越糟。

总之，跳槽并不是我们的目的，它只是我们接近个人职业目标的方法之一。如果能在跳槽前做好职业定位，充分考虑好自己的职业取向和个人独特的价值，了解新公司的企业实力、环境和文化背景，对自己即将从事的岗位进行充分调研和全面了解，做到心中有数，充分做好准备再跳，这样，获得的新工作就自然会变得稳定许多。所以，跳槽之前务必多作一些准备，才能让自己跳得更理性。这是跳槽者以及准备跳槽的人都需要特别注意的。

案例 新东方集团总裁俞敏洪"另类"的职业生涯规划

创业创富 17 年，俞敏洪一直在苦心孤诣地树立一种"从绝望中寻找希望"，为理想主义鼓掌和欢呼的新东方精神，这种精神和气韵足以揭示新东方成功的所有奥秘，也足以给职场新人带来一种全新的启发。

那么，俞敏洪对于职业生涯规划是如何看的呢？他又是如何制订自己的职业生涯规划的？让我们先来看看他写的一篇文章吧！这篇文章的名字就叫《你不知道这辈子能够走多远》：

"常常有人问我一个问题：俞老师，你当初想到过自己能够把新东方做这么大吗？我的回答是：如果当初我知道新东方会做到今天这个地步，一定吓晕过去了。我当初做新东方，仅仅是为了生存。新东方的第一个班只有十几个学生，我怎么敢想象有一天它会成为一个年培训学生达一百多万人的教育集团呢？如今，回头看去，自己也有大吃一惊的感觉，很多自己认为不可能做成的事情变成了现实。

"人们做事情大概分为两种情况。一种是一开始就知道自己走向何方，一辈子的终极目标是什么。比如，有些人从很年轻的时候就下定决心要成为伟大的音乐家、画家、科学家或政治家，他们一辈子都在为自己的终极理想而奋斗。而第二种人可能并不知道这辈子到底能够做成什么事情，他们唯一坚定的信念就是知道自己必须往前走，未来一定要比今天更美好。

"我大概属于第二种人。一个农村孩子很难去设想自己的终极理想，能够吃饱就算万幸。但随着年龄的增长，我开始向往土地之外的生活，梦想自己能够像城里人一样走进大学读书。所以我生命的第一个目标就是考上大学，离开农村。第一年高考失利，我紧接着考了第二年；第二年高考失利，我紧接着考了第三年；前两年连普通大专院校都进不去，第三年却意外地被北京大学录取。这是我生命中第一次体会到人生会有意外的惊喜发生，而这一惊喜又是和我持续不断的努力密切相关的。

"抱着这种态度，我一直努力到今天。在一场严重的肺结核之后，我意外地变成了一个乐观的人，因为我知道了生命的脆弱，所以更加珍惜每一缕阳光；在联系出国屡次无望的情况下，我意外地收获了新东方学校，拥有了一份自己的事业；在经过了很多的生死考验后，我意外地把新东方变成了美国纽交所的一家上市公司；在经过无数次的蜕变和洗礼后，我意外地把自己从一个书呆子、教书匠变成了管理着八千员工的还不算太糟糕的企业领导。过去，我没有预料到也没有设想过新东方到底能发展成什么样子；今天，我懂得了生活充满无穷的可能性，只要你努力，就会有意外的惊喜。

"其实，我们不需要去考虑这辈子到底能够走多远，我们需要做的就是像骆驼一样在沙漠中行走，一步一个脚印地向心中的绿洲前进。我们甚至不需要考虑自己能够走多快，只要知道自己在不断努力向前就行。"

"只要你努力，就会有意外的惊喜。"说得多好呀！高考，是俞敏洪人生的第一场失败。在痛定思痛之后，他得出了两个结论：一是必须往前跑，不一定要跑得快，但是要跑得久；二是不能停下来，不能三天打鱼两天晒网，要持之以恒、坚持到底。

做一只骆驼

1993 年，俞敏洪开始着手创办新东方英语培训机构，他在赌一口气，就是要看看自己有没有能耐把一所学校办起来。他一个人往来奔忙于北京市海淀区教育局和培训班之间，为了金钱，为了生计，为了自己那朦胧而遥远的未来奋斗着。那一年，一部名为《北京人在纽约》的电视连续剧热播全国，"到美国去"成为那时期中国青年的理想与奋斗目标，在此背景之下，英语培训急速升温。

机会来了，抓住它，就这么简单。俞敏洪牢牢地记得刚开始办英语培训班时，上课地点设在海淀区中关村第二小学的一间平房里，只有一张桌子、一把椅子以及一个冬天还未刷完小广告就结冰的胶水桶。当年俞敏洪人生的理想是赚够 10 万元，去美国留学。

从 1993 年开始一直持续到 1995 年年底，这一时期可以说是俞敏洪创业的第一个奋斗期。这期间对俞敏洪的最大挑战在于，他不仅仅是一个教书匠，还要想方设法去化解诸多复杂问题，比如跟政府各部门领导打交道，包括公安局、卫生局、环卫局等，面对那些公职人员，俞敏洪时常惶惶然不知所措。那时候，后勤行政管理也由俞敏洪亲自抓，管到最后他终于发现自己根本不是那块料，常常是这个教室停电，那个教室资料不够，东奔西跑，疲于应付。与社会打交道和办学教英语是截然不同的两码事，为此，俞敏洪经历了很长一段痛苦期。

有一次，一个朋友问俞敏洪："如果用一生去丈量，马和骆驼哪个走得更远？"这真是个奇怪而无趣的问题，俞敏洪几乎是不假思索地回答："我觉得一定是马。"朋友干脆地回应："你错了，骆驼走的路远远比马多，因为马跑一会儿就会停下来，而骆驼一旦开始走，如果不让它停，它是不会停下来的。"

这则故事启发了俞敏洪，他觉得自己就是那头始终行走、永不倦怠的骆驼。俞敏洪自言："我走到今天没有一天懒惰过，我现在每天依然要工作近 16 个小时，从高考那天开始每天如此。永远不要用你的现状去判断你的未来，只要你坚持就一定能获得你所意想不到的收获。"

做一个理想主义者

读俞敏洪的文章，总是会让人生出一种深切的感动，总是会让人体会到一种力量的传递。而精神激励、心灵励志等，一直都是俞敏洪一直着力培育的一种精神气质，这种气质也已固化为新东方的一种核心竞争力，并且塑造了一群理想主义者"致富"的形象。

今天，对于新东方绝大多数人来说，新东方就是一个理想主义者的家园。不过，俞敏洪也承认，理想主义是靠利益驱动来实现的，新东方从成立的那一天起，就是以利益驱动为主体的。但是，所有的理想都要靠人才去创造，而人才是需要利益实现去维系的。新东方能有今天，是拼死拼活干出来的，是利益实现、情感维系、理想驱动的结果。新东方的理想主义不是理想化，因为他们的理想主义是建立在现实主义的基础之上的。

俞敏洪说，他每次去西藏都会很感动，因为他看到很多藏民穷苦了一辈子，为了一次朝圣甘愿"五体匍匐十万计"，一路磕头磕到拉萨，然后带着无比愉悦的心灵满足离开布达拉宫。虽然他知道，公司不是宗教机构，很难达到靠信仰支撑的境界，能做到理想感召就已经是极限了。经营新东方这些年来，俞敏洪就一直不停地向员工们灌输一种价值观和事业理想。

俞敏洪认为，理想主义与现实主义并不矛盾，理想主义的实现可以依凭多个载体，比如你可以是非营利性机构，你可以是私人化机构。这些年来，新东方的公司属性不断变化，从个体户到合伙制再到股份制，但是对于俞敏洪来说，从事教育事业的崇高感、使命感、责任感、道德感从未改变。这使他直面现实时，不再绝望，不再痛苦，而是努力、专注地寻求生活与事业的空间，以一种人文情怀给予中国最广大学生群体以精神的鼓励和人格的培养。也就是说，新东方的理想主义是建构在对中国教育、中国学生的深刻理解之上的。

在俞敏洪看来，不管是一个人、一个团队，还是一个机构，要想获得真正的成功，就不能只是自顾自地埋头赶路，而是要经常仰望天空，因为这是一种朴素的理想主义，更是一种成功的信念。

第五章
积累人脉，
为明天的成功作准备

对于一个现代人而言，人际关系越好，机会就越多，成就就越大。因此，从踏入社会，走上职场的那一刻开始，我们就要有意识地建立起自己的人脉关系，因为拥有良好的人脉，你就拥有了一笔重要的潜在无形资产。在以后的奋斗过程中，你会获得更多发展的机遇，也会更加如鱼得水。可以说，一个人能否取得事业的成功，80％归因于与别人相处，20％才是来自于自己的专业水平。所以，要想在事业上有所成就，积累更多的财富，就要有计划、有选择地去认识和接纳更多的人。

创新是企业家的具体工具，也就是他们借以利用变化作为开创一种新的实业和一项新的服务的机会的手段……企业家们需要有意识地去寻找创新的源泉，去寻找表明存在进行成功创新机会的情况变化扩其征兆。他们还需要懂得进行成功的创新的原则，并加以运用。

——彼得·德鲁克

1. 四海之内皆朋友

在中国的收藏界，提起"火花首富"吕春穆，恐怕无人不知，无人不晓，他的成功靠的就是人脉的积累。他原是北京一所小学的美术教师，一天他在杂志上看到有人利用收集到的火柴商标引发学生们学习兴趣和创作灵感的报道，就决定收集火花。

首先，他通过各地火柴厂家，收集到了几百枚各式各样的精美火花。此后，他主动走出去，以"花"为媒，以"花"会友。1980年，他结识了在新华社工作的一位"花友"。这位热心的花友一次就送给他20多套火花，还给他提供信息，建议他向江苏常州的一位花友索购一本花友们自编的《火花爱好者通讯录》，这一下让他结识了国内100多位未曾谋面的花友。

他开始与各地花友交换藏品，互通有无。同时，他还利用寒暑假，遍访各地花友，并通过各种途径与海外的集花爱好者联系。就这样，在广泛的交往中，他得到了无穷无尽的乐趣和享受，同时也为自己日后的成功创造了机会。

后来，吕春穆凭自己20多万枚中外火花精品，跻身于国际性的火花收藏组织，成为英国皇家火花协会和香港帆船火花协会会员。同时他也被誉为"火花大王"而名满京城，独领风骚。

很显然，吕春穆的成功得益于交际。如果没有以"花"为媒，结识朋友，通过朋友再认识朋友，那么他就仅仅只是一个火花爱好者而已。

事实一再证明，搭建丰富有效的人际关系是我们到达成功彼岸的不二法门，是一笔看不见的无形资产！因此，从一开始，我们就要有意识地建立自己的人脉圈子，并充分发挥自己的交际能力，不断扩大自己的人脉网，为成功做好准备！

2. 和身边的人保持良好的关系

作为社会的一分子，每一个人的人脉圈子往往都是先从对身边亲人的接触和积累开始，然后再慢慢发展到老师、同学、朋友、老乡、同事，最后再突围到更大、更高端的圈子中。其中，因为熟悉和了解，来自身边的人脉圈子，往往也是最牢固、可靠的圈子。亲戚、老乡、同学、战友、同事，也都可能成为你事业发展中的"贵人"。

董剑大学毕业后，应聘到一家报社广告部工作。工作期间，他时常接触到海尔、春兰、百事这样的大客户。董剑在给这些大客户搞创意或争取版面时很卖力，从来不偷懒，而且还会经常征求他们的意见，这些客户对他的态度很满意，因而彼此间关系十分融洽。

后来，董剑出来自己创业时，自然想到了这些过去的伙伴。当时，春兰空调恰好在该市还没有专卖店，他就跟销售部的负责人谈起此事，由于有了前面的一层关系，所以春兰空调在众多条件差不多的经销商中，把独家销售权给了他。

从董剑的案例中我们可以看出，关系就是机会，关系越多意味着机会也就越多。即使你并不想创业，即使你还只是一个每日在为一个小单子而忙碌的小老板，即使你只是一个平凡的职员，即使你还只是一个学生，好好规划自己的人脉圈子都是很有必要的。很多时候，你只要和那些关键人物有所联系，当你遇到困难的时候、需要寻求支持的时候，你就会知道从哪里入手、该向谁求助。这样，你就已经成功了一半。

再比如，马云创建阿里巴巴时，启动资金就来自于他的亲戚、学生、死党朋友以及几个曾经跟他从杭州到北京再从北京回杭州的老部下。因此，一定要和自己身边的人保持良好的关系。

3. 结交关键和重要的人物

在西方曾有一句著名的格言："重要的不在于你懂得什么，而在于你认识谁。"这句格言看起来虽然很势利，却很有道理。因为只有不断地认识那些能够改变或帮助你的人，才能构建起有用的人脉资源库。

美国俄亥俄州铁路局局长怀特，在儿子还上学的时候就对他说："在学校里要和一流的人物结交，有能力的人不管做什么都会成功……"也许这句话听起来有些世俗，但事实上与优秀的人为伍是促使一个人迅速成长的捷径，而这也正是对"近朱者赤，近墨者黑"的最好的诠释。

美国一位名叫阿瑟·华卡的农家少年，在杂志上读了一些大实业家的故事，很想知道得更详细些，并希望能得到他们对后来者的忠告。于是，他跑到纽约，并在早上7点就去拜访大企业家威廉·亚斯达。

亚斯达有点讨厌这个不速之客，但他还是听完了华卡的问题："我很想知道，我怎样才能赚得百万美元？"后来，他们谈了很久，随后亚斯达让这位农家少年去访问其他的名人。

华卡照着亚斯达的指示，遍访了一流的商人、总编辑及银行家。虽然他得到的忠告对他赚钱并没有多大的帮助，但是他们给了华卡很大的自信。几年后，24岁的华卡成为一家农业机械厂的总经理，终于如愿以偿地拥有了百万美元的财富。

也许华卡这个结交名人的方法我们是无法效仿的，但是他的信条绝对是值得我们学习的，那就是向那些成功立业的前辈进行请教，可以转变一个人的机运。所以，要想有所成就，就要多结交一些比自己优秀的人。

曾经有人认为，保罗·艾伦是一位"一不留神成了亿万富翁"的人。其实，这种理解是不对的。保罗·艾伦成为富翁的真正原因是，他年轻时就与比尔·盖茨志趣相投，所以在一起干事业。当初他们在波士顿注册微软公司时，总经理是比尔·盖茨，而副总经理就是保罗·艾伦。作为比尔·盖茨的好友，作为微软公司的副总，成为亿万富翁是理所当然的，怎么会是意外的呢？

认识关键和重要的人物，当然首先要开放你自己，从各种渠道入手，而不是仅仅局限于你经常接触的圈子，除非你本身已经是一个很高端的人物。比如，在校的学生可以争取以志愿者或义工的身份参与学校的各种重要活动、讲座、校外的会展等；毕业生应该争取进入一流的大公司，以结识更多杰出的人士；有一定积蓄和工作经验者，就可以多多参与有顶尖人士出席的会议和论坛。

4. 学会和陌生人说话

曾经有一部电视剧《不要和陌生人说话》，虽然从某种程度上来说，不和陌生人说话是自我保护的一种手段，但从规划人脉的角度上来说，这实际上是一种消极的思想。要知道，每个人在用尽自己的资源却依然难以取得成功的情况下，都会希望获得别人的帮助。而很多情况下，能够帮助我们的也往往是陌生人，如果我们对于接触陌生人和外界社会抱着完全排斥的心态，又怎么可能有意外的收获呢？因此，我们应该敞开心扉，去和各种各样的人沟通和交流，当然也包括陌生人。

成长青从加拿大麦蒂尔大学毕业后，就进入加拿大亚历山大咨询公司从事企业咨询工作。1991 年 8 月，他从美国旧金山机场飞往蒙特利尔，并在飞机上遇到了一个过去在聚会中见过的人。随后，他主动过去打招呼，一番寒暄过后，两人开始互相交流起来。

成长青在飞机上遇见的这个人，正担任多伦多道明银行的人事部经理，他在了解成长青的性格和能力后，主动邀请说："你很优秀，不知道你有没有兴趣到银行工作？我们银行正需要一位你这样的高级客户经理。"

成长青觉得这是一个机会，于是便加入了加拿大多伦多道明银行，担任该银行的高级客户经理，主要负责电信业和矿产业，协助这些企业做融资业务。而在多伦多道明银行的两年，更是为成长青今后在金融行业的发展打下了坚实的基础。

现在，成长青已是渣打银行中国投资部的总经理。

5. 维护好人际关系网络

人脉网常常是变动的，我们需要对之进行维护和检修。美国前总统西奥多·罗斯福曾说："成功的第一要素是懂得如何搞好人际关系。"

而要维护和管理好人际关系网络，以下几点是需要注意的：

第一，填写记录卡片。经常记录在什么活动中结交的人，不要只写下名字，或者把名片收好就行了，而是要写下自己对他们工作最感兴趣的方面，以及他们感兴趣的东西，包括一些特别的事物。虽然没有多少细节，但需要的时候，它肯定能发挥出很大的作用。

第二，保持背后的忠诚。人际关系中，一个非常根本的原则是尽可能地让人感受到你是值得信任的。这需要我们做许多事，比如在他的背后赞美他，不要担心这些赞美的话传不到他的耳朵里。

第三，特殊日子的祝福。小事也可以有大影响，在特殊的日子里，别忘了送上一条短信、一封电子邮件等，这个特殊的日子包括对方的生日、婚礼、升职等，当然，在别人处于困境的时候，你也不要忘记说一些鼓励的话，必要的情况下，可以给予实际的帮助。

第四，保持沟通和会面的渠道。与同行每个月在聚会上碰面，这种内部聚会会有不少免费的内部消息；与朋友能够保持见面和交流的渠道，你会发现感情因此不褪色，而且当别人有什么信息的时候，也肯定不会忘记提供给你。

6. 学会有选择地交朋友

晋代傅玄在《太子少傅箴》中说过："近朱者赤，近墨者黑。"清末曾国藩也曾说过："一生之成败，皆关乎朋友之贤否，不可不慎也。"从中我们可以看出古人对于结交好友的重视程度。

而作为现代人，我们实际上比古人更需要朋友。因为朋友是我们人生中最重要的人之一，而不同的朋友对人的影响也会有所不同。和爱吹牛的朋友在一起，你最终也很可能会染上这种不切实际、夸夸其谈的毛病；和不学无术的人交朋友，你最终也很可能会丧失斗志，甘于平庸。相反，如果能够和宽容大度的朋友在一起，你会变得宽容对人，不再斤斤计较；和乐观快乐的朋友在一起，你会更多地看到生活中阳光的一面，而不是紧抓生活中的那些阴暗面不放。因此，在选择结交什么样的朋友上，一定要慎重考虑。

被犹太人视为经典的《塔木德》一书中，有这样一句话："如果一个人和狼生活在一起，那么他只能学会嗥叫；如果和优秀的人接触，那么他就会受到良好的影响，成为一个优秀的人。"

所以，如果你想成为什么样的人，就和什么样的人在一起吧。如果你想成为一个有钱人，那么无论你有多穷，都要坚持让自己站在富人堆里去。因为只有站在富人堆里，汲取他们致富的思想，才能更好地实现你自己致富的梦想。

案例　请听阿里巴巴 CEO 马云一言

2007 年 11 月 6 日，是中国互联网历史上的一个重要的日子，阿里巴巴 B2B 公司在香港挂牌上市了！

而且，在震荡成为股市主旋律的背景下，阿里巴巴旗开得胜，开盘价较发行价上涨了 122%，一举成为中国互联网界首家市值超过 200 亿美元的公司。其筹集到了 16.9 亿美元，更是超过了 2004 年谷歌上市的融资额 16.5 亿美元，创下了全球互联网融资额的新纪录。

阿里巴巴 B2B 公司上市的重要意义还在于——它标志着全球资本市场对马云 1999 年首创的中国 B2B 模式的认可，也让世界第一次见识到了中国人原创的互联网公司的伟大力量。

那么，从马云成功的案例中，我们可以获得哪些启示呢？

创业时要找最合适的伙伴

2007 年 12 月 1 日，阿里巴巴团队荣获"2007 年最聚人气团队奖"，马云作为代表上台领奖时，作了领奖感言："阿里巴巴可以没有马云，但不能没有这个团队。8 年来，各种各样的压力很多很多，但是每次面临压力的时候，这个团队都给了我很大的勇气，很多鼓励……

"这帮人是跟我从杭州到北京的。到了北京，我们在前 14 个月里干得那么出色，到第 15 个月的时候，方向不一样了，很痛苦，我决定回家。他们一开始很震惊。我给他们 3 个选择权：第一，你们去雅虎，我推荐，雅虎一定会录取你们的，而且工资会很高；第二，去新浪、搜狐，我推荐，工资也会很高；第三，跟我回家，只能分 100 块钱人民币，你们住的地方离我 5 分钟以内，你们自己租房子，没办法打出租车，没办法上下班，而且必须在我家里上班。你们自己作决定。我给你们 3 天时间考虑。这些人出去后，3 分钟后就回来了，说：马云，我们一起回家吧。"

这支在困难之中仍对马云不离不弃的团队，成为了马云创业道路上最有力的支柱。平时，马云说到他的团队时总是自豪之情溢于言表："我是个非常幸运的人，在我身陷困境的时候，总能遇到好人。这一切都是人际关系，是友谊，是合作伙伴关系。我们在一起合作已经很多年了，没有他们就没有阿里巴巴，而没有我的话，还会有另一个阿里巴巴。"

而作为给创业者的建议，马云更加强调的是——创业要找最合适的人。

马云认为，创业时期不要找明星团队，不要把一些成功者聚在一起，尤其是那种 35 岁、40 岁就已经有钱了、成功了的人。马云认为，已经成功过的人，在一起创业很难，所以创业初期时，一定要寻找那些还没有成功、渴望成功的团队。等到事业达到一定程度的时候，再请一些人才。

那么，什么才是"最合适的人"呢？马云认为没有具体的标准，要根据企业而定，但一些最基本的要求则是必需的。

（1）人品好

这是合伙人相互信任、相互合作的前提和基础。刚开始创业，没那么多经验或精力去规范和约束，更多的是激情和自发。选择人品好的合作伙伴可以使企业少走很多弯路。

（2）互补性强

进行团队选择的时候，必须要看清楚每个人的长处，而对于一些小的缺陷要学会包容。

选择互补性强的团队并非只是说性格上的互补，而是每个人的长处的互补，因为这涉及分工的问题。

（3）善于沟通

企业是个利益共同体，因而双方都有责任主动去沟通。有效的沟通是强大的执行力的前提。只有把每个人的想法理解到位了，才会获得好的执行效果。而理解的前提则是有效的沟通。

（4）能共同承担责任

创业的过程也就是一个一个不断犯错误、不断学习改正的过程。总结错误是一笔很大的财富。每个人都要为错误承担责任，而不是互相指责。"有福同享，有难同当"，说的也是这个道理。

让心浮气躁的人离开，让意志坚强的人留下

1999 年大年初五，马云趁春节放假大家都回杭州的机会，把十几个朋友拉到自己家里开了一次创业动员会。对于这次动员会，现为阿里巴巴副总裁、"十八罗汉"之一的金建杭是这样回忆的："马云主讲，其中讲到三点：第一是将来要做持续发展 80 年的公司；第二是要成为全球十大网站之一；第三就是说只要是商人，一定要用阿里巴巴。这三点目标已经成

为公司的远景目标。"

金建杭接着又说："现在回过头去看看当初照的照片，才发现大家的眼神都是迷茫的、空洞的。"之所以迷茫，金建杭分析道："因为我觉得对我们这十多个人来说，提出做 80 年的公司，这个目标好像跟我们没有关系，离我们那么远！说全球十大网站，打死也没有人相信，就凭十多个人，你要做全球十大网站？人家可都是几十亿美元投入，所以也觉得路比较远。'只要是商人就要用阿里巴巴'，这个比较舒服，但这个也是永无止境的目标。"

为什么会提出 80 年的目标？原来马云还有另外一层用意：

"我们原先 2000 年的口号是做 80 年，这个 '80' 是定出来的，我是拍脑袋说出来的。1999 年的互联网，很多人在公司上市 8 个月后就跑掉了。全中国人民都在讲，互联网可以上市圈钱，然后大家就跑。而我提出我们要做 80 年的企业，你们待多久我不担心，反正我肯定要办 80 年。直到今天我还在说我不上市，所以很多人，为了上市而来的人，他就撤出去了。所以，提出要做 80 年，就是要让那些心浮气躁的人离开，让意志坚强的人留下来。"

在阿里巴巴 5 周年庆的时候，马云又提出了一个新的目标：

"阿里巴巴要做 102 年的公司，诞生于 20 世纪最后一年的阿里巴巴，如果做满 102 年，那么它将横跨 3 个世纪，阿里巴巴必将是中国最伟大的公司之一。

"至于你能走多远，第一天的梦想很重要，阿里巴巴第一天出来就是要走 80 年。现在我们又有明确的目标出来，要做 102 年。这个时期我想活 100 年，下个世纪我们再活 2 年。在 102 年之前，任何一个时候我失败了，就说明我没有成功。"

做一个 102 年的大企业，阿里巴巴必须经历 3 个世纪。马云不仅要做一个商业王国，还要做一个屹立 3 个世纪不倒的大企业。

2006 年，马云再次强调了要做 102 年企业的决心：

"很多企业为了赚钱寻找机会，而我们为了 102 年这个目标，就研究全球具有 100 多年发展历史的企业及他们的体制与机制的组织力量。体制建设、文化建设、体系建设这种组织力量的建设是阿里巴巴和其他公司最大的区别。我们的绝对不是什么电子商务 B2B，而是财务部门、运营部门、执行层面的制度的建设，从员工的招聘培训成长到整套的体系建设。

"所以我们不会为了近期套利海外上市，现在阿里巴巴只有 7 岁，还有 95 年的时间，必须要苦练基本功才能上大学。我希望踏踏实实的，我不奢望阿里巴巴在我马云的手上变成世界上伟大的企业，我没这个能力，但我坚信阿里巴巴以后的人有这样的能力。"

最后，马云坦白地承认，102 年的任务不是自己一人就能完成的，这就好比跑接力赛一样，必须要几个人甚至几代人共同完成，而他自己跑的只是第一棒。

学会和聪明人打交道

2000 年，阿里巴巴又开始着手进行第二轮融资，由于之前曾经有过一次融资的经历，加之阿里巴巴保持了良好的发展势头，使其具备了底气十足的对话资本，所以这一次的融资对于马云个人而言显得更为轻松与愉快。

这一次融资的合作对象便是业界鼎鼎有名的传奇人物孙正义。孙正义是互联网的投资巨人，中国很多互联网公司和通信行业都曾接受过他的投资。马云说，他喜欢和聪明人打交道，因为和聪明人在一起，不用多说什么，他就能听懂你。在马云眼中，孙正义就是这样的聪明人。

孙正义，1957 年 8 月 11 日出生，父母在日本九州岛经营小生意。小时候孙正义曾从垃圾箱中寻找垃圾，养猪为生。但贫穷并没有压垮这个家庭。父亲教育他的方法非常独特，经常对他说"你是个天才"。父亲的这番激励也的确产生了效果，孙正义从小就有的许多"狂想"后来都一一实现了。所以，孙正义后来曾经说过这样一句话："一个梦想和毫无根据的自信，一切都是从这儿开始的。"

孙正义于高中时迁居至美国北加州，智慧聪颖的他越级进入加利福尼亚大学伯克利分校就读，主修经济。20 岁，孙正义就赚到了人生的第一个 100 万美元。21 岁大学毕业，他卖掉公司返回日本，一切从零开始。1995 年，在他 38 岁的时候，他看准了网络产业，决定在此方面进行巨大的投资。当时，他选中了雅虎公司，给雅虎公司第一笔投资就是 200 万美元。43 岁，孙正义成为亚洲首富，资产达 3 亿日元。他的目标是在 30 年内超越微软与英特尔。孙正义被《新闻周刊》评为亚洲年度风云人物，被誉为"日本的比尔·盖茨"。他只手掀起日本的网际网络海潮，投资了中国许多著名 IT 企业，如阿里巴巴、当当网、新浪、网易、盛大、携程旅行网……

美国《商业周刊》杂志因此把孙正义称为"电子时代大帝"（Cyber Mogul）。

马云和孙正义的第一次会面堪称经典。1999 年夏末，马云接到来自摩根斯坦利亚洲公司资深分析师古塔的电话，他向马云询问了有关阿里巴巴及其融资的一些基本情况。一个月之后，马云收到了古塔的电子邮件，在邮件中古塔告知马云有一个人"想和你秘密见个面，这个人对你一定有用"。第二天，马云去富华大厦赴约。

然而，这次秘密约会并不是马云想象中的二人会谈，而是一次规模巨大的项目评介会。而这个需要见面的人令马云大吃一惊。因为，他竟然是软银总裁孙正义。在孙正义约见的人物中，马云只能算个小角色。因来访的人太多，孙正义只给了每人 20 分钟时间。

投影仪调出阿里巴巴网站的页面后，马云就开始了演讲。6 分钟以后，他被叫停。孙正义当即表示他的投资意向，他问马云需要多少钱，然而在这位投资家面前，马云的回答十分令人吃惊：我并不缺钱。孙正义反问道："不缺钱，你来找我干什么？"马云的回答显得有些孩子气："又不是我要找你，是人家叫我来见你的。"

在此之前，阿里巴巴已经获得了 500 万美元的投资，这成为马云"不缺钱"的理由之一。但是在那个互联网疯狂的年代，500 万美元又算什么呢？无数的".com"公司都在为融到更多的钱而努力向投资商展示自己的魅力。但正是这样反常的回答，刺激了孙正义，他请马云一定要去日本和他面谈。

多年以后，不断有人问，那 6 分钟里，马云究竟讲了什么？马云说他自己也忘记了，但是主要的内容，一定离不开关于阿里巴巴的故事。那时马云讲了什么，没有资料显示，不过，对于如何和投资商打交道，马云有精彩的论述。为什么只讲了 6 分钟，马云认为，孙正义很聪明，悟性特别高。"我跟他一讲他就听懂了"，而且每次说话都是"我要怎么样、怎么样的，这一点跟我脾气蛮像的"，马云这样说。

马云对于自己的融资能力非常自信，他说："我相信孙正义喜欢我，所有的投资者都喜欢我，是因为我说了我想做成这么一件事情。这件事的结果一定会带来很多钱，所以他看见的是我这个眼神。全世界有钱的人很多，但全世界能做阿里巴巴的人并不多。我觉得这是我们的信心所在。投资者你不给我，另外会有人给我，我就找愿意给我的人。全世界有很多投资者，但全世界马云就一个，没办法。"

孙正义也曾说过："马云，你是唯一一个 3 年前对我说什么，现在还对我说什么的人。"

马云称他与孙正义的合作属于一见钟情、一拍即合，他说："孙正义个人承诺协助阿里巴巴的业务，为阿里巴巴增添莫大的价值。我们十分钦佩软银在扶助新企业发展方面成为行业领导的业绩及全球实力，并对软银成为我们的伙伴深感鼓舞。

"我们洞悉 B2B（企业与企业间）电子商务高速增长的潜力，互联网将彻底改变我们所专注的国际贸易局面。全球贸易总额高达六万五千亿美元，这个市场为我们提供了庞大的商机。与软银建立伙伴关系给予我们一个强劲的支撑，从而有利于深化及扩大我们的业务，为全球贸易商提供更多价值。"

阿里巴巴在 2007 年 11 月 6 日上市，12 日，阿里巴巴最早的投资机构之一、软银中国 CEO 薛村禾接受媒体采访时，披露了当年软银选择阿里巴巴的一些内幕。

薛村禾说，2000 年软银在决定选择哪家中国互联网企业进行投资时，并不是一眼就能看到阿里巴巴的未来，但为什么最后选择马云这个团队？"当年我们放弃别的机会，集中精力投资马云这个团队。了解马云多点儿的人就知道，他能把很多人聚在周围，团队非常厉害。VC（风险投资）很看重团队。"

孙正义也是这样认为的，有一次他这样评价马云："我在选择投资对象的时候，看中的并不是对方有多少钱、多少人手，而是看企业领导者的'气质'，比如我当初在马云身上就看到和杨致远类似的'气质'。"

马云则认为，孙正义是一个大智若愚的人，他神色木讷，几乎没有一句多余的话，仿佛武侠中的人物，但是只需要 6 分钟，他们就都明白了对方是什么样的人：一是迅速决断，二是想做大事，三是能说到做到。

第六章
爱拼才会赢

　　十多年前，一首闽南语歌曲《爱拼才会赢》曾经唱红了大江南北，而这首歌之所以如此受到人们的欢迎，除了唱得好，最主要的原因是歌词也写得好："一时失志不免怨叹，一时落魄不免胆寒……人生可比是海上的波浪，有时起有时落……三分天注定，七分靠打拼，爱拼才会赢。"正是这首歌，激励了无数的人，使他们在坎坷的人生路上越挫越勇，一往无前，终于实现了自己的梦想，迎来了属于自己的成功。也正是他们，用自己的实际行动，将这首歌的内涵诠释得淋漓尽致。是的，爱拼才会赢！那么，作为职场新人的你，应该怎么去拼，才能开拓出属于自己的一片新天地呢？

千万人的失败，都是失败在做事不彻底，往往做到离成功尚差一步就终止不做了。

——莎士比亚

1. 永不放弃

心理学家曾经做过一个有点儿残忍的实验：

将小白鼠放到一个有门的笼子里，笼子的底部是金属的，然后给笼子的底部通上低电流，使小白鼠受到不会致命却相当痛楚的电击。

如果将笼子门打开，小白鼠会立刻跑出笼子以逃避电击。但如果用一个玻璃板将笼子门堵住，那么小白鼠在遇到电击往外跑的时候，就会在玻璃板上猛地撞一下，然后被挡回来。再重复给笼子底部通电，使小白鼠一次又一次地在企图逃跑的时候受到玻璃板的阻碍。最终，小白鼠学会了屈服，它匍匐在笼子里，被动地忍受着电击的折磨，完全放弃了逃跑的企图。

这时，即使笼子门上的玻璃板移走，而且让小白鼠的鼻子从门伸出笼外，它也不会主动逃出笼子，而是放弃所有努力，绝望而被动地忍受着痛苦。

小白鼠的这种状态，在心理学上称为"习惯性无助"。

习惯性无助是描述动物——包括人在内——在愿望多次受到挫折以后，表现出来的绝望和放弃的态度。这时的基本心理过程是退缩和放弃，对人来说，还有自我怀疑、自我否定和自我设限等，使人变得悲观绝望、听天由命，听任外界的摆布，任自己的命运随着外力的强弱而波荡起伏。

也有人可能认为，人和小白鼠不一样，人如果看到获救的希望，不会连试都不肯一试。这个结论在类似刚才那个实验的情况下大概是成立的，但是换一种情况，很多人的表现却和小白鼠有惊人的相似。当我们说"理想已经被现实磨平了"的时候，当我们说"现实带给我的是一次次打击，我终于放弃"的时候，我们的表现就是"习惯性无助"。

命运之神也许可以像实验者对待小白鼠那样操纵着我们，然而人却不一定要像小白鼠一样活着。人可以思考，更重要的是，人可以驾驭自己的情感和意志来征服命运。这是人性光辉的地方，是人类英雄主义的根本特征之一。

做一个持之以恒、坚忍不拔的勇者，关键在于自己的抉择。因为在人生奋斗过程的很多时候，我们就像那笼子里的小白鼠——玻璃板其实不是挡在笼子门，而是挡住自己的心门。所以，我们只有激发出自己百折不挠的勇气，才能成为一个成就事业的英雄。

1948 年，丘吉尔应邀到牛津大学作一个主题为"成功秘诀"的专题讲座，面对充满期望的牛津学子和全世界各大新闻媒体，丘吉尔作了一个极为简短却寓意深刻的演讲：

"我的成功秘诀有三个：第一是，决不放弃；第二是，决不、决不放弃；第三是，决不、决不、决不能放弃！我的演讲结束了。"

丘吉尔说完这几句话后，转身就走了！会场一片凝重，台下的听众在沉寂了足足一分钟后，才对着已经没有演讲者的讲台爆发出雷鸣般的掌声。

丘吉尔的这次在牛津大学的演讲，可以说是有史以来最简短的一次演讲了。但是，他却用这最简洁的语言和最执著的意志，揭示出了最深刻的人生哲理——只要永不放弃，就会获得成功。

2. 不要为失败找理由

在美国的一次中国同乡会上，有两位中国人相遇了。可以说，他们的经历很相似，都是中国的血统，都出生在外交官家庭，都毕业于同一所大学，而且都是三十八岁。但是，他们之间也有着很大的差距：一个是一家大公司的老总，资产丰厚；另一个则一直在一所中学当中文老师，收入微薄。

互相了解了对方的情况后，这位中文老师更加觉得自己活得很失败。于是，他又开始充满幽怨地讲起了自己的"悲惨经历"："我虽然出生在外交官的家庭里，但我并没有过上让别人羡慕的生活。由于父母长年在国外，从小我就一个人孤独地生活，直到我高中毕业时父母才把我带到美国上大学，但等我一毕业，我的父母又回国了，根本就都不上我什么。我千辛万苦才找到这份中文老师的工作，谁知干了十几年，工资没涨，物价却暴涨，这日子真没法过了……"

由于都是离家在外，这时餐桌上的人都被他的讲述打动了，所以都表现出了同情之心，可是随着他的怨气越来越重，大家开始觉得不耐烦了。这时，那位跟他背景相似，而此时已经是一家上市公司 CEO 的人站起来，说道："我大学毕业的时候，父母也已经都回国了，我是独自一个人留在美国打拼的。记得刚开始创业时，面临着接二连三的挫败，我几乎没有活下去的勇气。那时，我不但恨透了这个世界，更恨所有的人，因为我觉得他们都在跟我作对！可是，当金融危机来临，很多家企业纷纷倒闭而我却支撑下来时，我才突然发现，我应该是心怀感恩的——如果没有年轻时的多次挫败，我不可能有这么好的承压能力和应对困难的能力，也不可能幸运地躲过那次金融危机。所以，更多的时候我总是在想，不管我们处在什么样的境地，我们都要意识到自己是幸运的！"

那位 CEO 的一番话，说得大家都沉默了，那个中文老师更是惊得哑口无言，羞得满脸通红，同时也被这番话深深地震动了。

是的，不管处在什么样的境地，我们都要意识到自己是幸运的！与其沉浸在痛苦的回忆中，不如思考一下那些苦难带给了我们什么样的财富。虽然我们不能控制际遇，却可以掌握自己；虽然我们无法预知未来，却可以把握现在；虽然我们无法知道自己的生命有多长，却可以坦然地活在当下。因此，只要活着，就不要跟自己过不去；只要活着，我们就有拼搏的资本！

3. 相信总会有出路

有这样一个农民，由于家里很穷，所以他只读了两年中学就辍学回家帮父亲种田了。就在他 19 岁那年，父亲因病去世，母亲的身体也不好，而且还有一位瘫痪在床的祖母。从此，家里的重担全部压在了他的肩上。

到 20 世纪 80 年代时，农田开始承包到户。为了尽快致富，他把一块水田挖成了池塘，打算养鱼。但当地政府却告诉他，水田不能用来养鱼，只能种庄稼。他没有办法，只好又把那个费了九牛二虎之力才挖好的池塘给填平了。为这事，当地人没少挖苦过他，因为在他们看来，他是一个想发财却又非常愚蠢的人。

后来，他听说养鸡可以赚钱，于是就向亲戚朋友借了 500 元钱，办起了养鸡场。但随着一场洪水的到来，鸡瘟也随之而来，他养的那些鸡在几天之内就全部死光了。看着他东挪西借来的 500 块钱转瞬间就打了水漂，母亲受不了这么大的刺激，很快就抑郁而死了。

后来，他又酿过酒，捕过鱼，甚至还冒着生命的危险在石矿的悬崖上帮人打炮眼……可是这些都没能让他的生活有所好转。

转眼间，他已经 35 岁了，但还娶不到媳妇，因为他家里除了一间土屋之外，其他的一无所有，所以连那些离过婚而且有孩子的女人也看不上他。但是，他还想再搏一搏，于是又开始四处借钱，买了一辆手扶拖拉机去给别人拉货。然而，让他万万没有想到的是，上路还不到半个月，这辆拖拉机就载着他冲入一条河里。这次事故虽然没有要了他的命，却让他失去了一条腿，成了瘸子。而那辆拖拉机也变得支离破碎，只能当废铁卖掉了。

这时，几乎所有认识他的人，都认为他这辈子真的完了。

然而，谁也没有想到，后来他却成为一家公司的老总，并拥有几个亿的资产。

他传奇般的创业经历传出去之后，很多媒体纷纷前来采访他。其中，有一位记者采访他时，这样问他："在那些苦难的日子里，到底是一种什么样的力量在支撑着你，让你一次次迎难而上的呢？"

他拿起办公桌上的杯子，把杯里的水喝完后，反问记者："如果我现在松开手，这只杯子会怎样？"

记者不知道他要做什么，只是如实说出自己的想法："肯定会掉在地上，然后就摔碎了。"

"那我们就试试看吧！"说完他便松开手，杯子也随之掉到地上，发出清脆的响声，却没有破碎。记者疑惑地看着那只完好无损的杯子，还以为他是在玩魔术呢。这时，只见他弯腰拾起地上的杯子，然后微笑着对记者说："几乎所有的人都和你有一样的想法，认为这只杯子摔到地上后，一定会破碎，但我知道它不会碎，因为这只杯子不是一只普通的玻璃杯，而是用玻璃钢做成的，所以不管怎么摔都不会碎。"

"因为这只杯子不是一只普通的玻璃杯，而是用玻璃钢做成的，所以不管怎么摔都不会碎。"多么精辟的比喻呀！如果我们也把自己比作一个玻璃钢杯子，那么我们还有什么信念不能坚守呢？还有什么压力不能承受呢？还有什么挫折能够打倒我们呢？其实，每个生命都会有痛苦，也都会有快乐。而我们要做的，就是把痛苦缩小，把快乐放大。只有这样，才能使我们的生命放出光彩。

面对挫折，就算再乐观的人，多少也会感到有些烦躁；面对打击，就算是再阳光的人，多少也会感到有些阴郁。但是，我们应该知道，我们的身体里面拥有着极强的自我疗愈功能，只要你肯相信自己，那么不管经历了多大的伤痛，你内心的信念都会负责把这些伤痛全部赶走。

那么，就让我们从现在开始，微笑着去面对生活吧！不管处在什么样的境地，都不要去抱怨生活太坎坷，不要去抱怨人生太曲折，更不要去抱怨命运太不公。这样，当你走过世间的繁华，当你阅尽人间的世事，你一定会翻然醒悟——再苦也会有出路的！

4. 所有的失败只是为了最后的成功

有一个人，一生中经历了1009次失败。但他却说："一次成功就够了。"

5岁时，他的父亲突然病逝，没有留下任何财产。母亲外出做工。年幼的他在家照顾弟妹，并学会自己做饭。

12岁时，母亲改嫁，继父对他十分严厉，常在母亲外出时痛打他。

14岁时，他辍学离校，开始了流浪生活。

16岁时，他谎报年龄参加了远征军。因航行途中晕船厉害，被提前遣送回乡。

18岁时，他娶了个妻子。但只过了几个月，妻子就变卖了他所有的财产逃回娘家。

20岁时，他当电工、开轮渡，后来又当铁路工人，没有一样工作顺利。

30岁时，他在保险公司从事推销工作，后因奖金问题与老板闹翻而辞职。

31岁时，他自学法律，并在朋友的鼓动下干起了律师行当。但一次审案时，他竟然在法庭上与当事人大打出手。

32岁时，他失业了，生活非常艰难。

35 岁时，不幸又一次降临到他的头上。当他开车路过一座大桥时，大桥钢绳断裂，他连人带车跌到河中，身受重伤，无法再干推销员的工作。

40 岁时，他在一个镇上开了一家加油站，因挂广告牌把竞争对手打伤，引来一场纠纷。

47 岁时，他与第二任妻子离婚，三个孩子深受打击。

61 岁时，他竞选参议员，但最后落败。

65 岁时，政府修路拆了他刚刚红火的快餐馆，他不得不低价出售了所有的设备。

66 岁时，为了维持生活，他到各地的小餐馆推销自己掌握的炸鸡技术。

75 岁时，他感到力不从心，因此转让了自己创立的品牌和专利。新主人提议给他 1 万股，作为购买价的一部分，他拒绝了。后来公司股票大涨，他因此失去了成为亿万富翁的机会。

83 岁时，他又开了一家快餐店，却因商标专利与人打起了官司。

88 岁时，他终于大获成功，全世界都知道了他的名字。

他，就是肯德基的创始人——哈伦德·山德士。

哈伦德·山德士曾经说过："人们经常抱怨天气不好，实际上并不是天气不好，只要自己有乐观自信的心情，天天都是好天气。"的确是这样，在哈伦德·山德士的一生中，他经历了无数次的失败，但他却认为"一次成功就够了"。其实，人生中所有的失败，都是为最后的成功打下基础的。只有那些不甘寂寞的人，才能够在一次次的失败中奋起，并在最后迎来人生的辉煌。

所以，让我们把失败写在背面吧，相信自己一定能成功！其实，生活就是这个样子，当你面对阳光的时候，阴影自然就被甩在身后了。既然你已经选择了远方，那就不要有任何的顾虑，只管风雨兼程地朝前走吧！

案例　苏宁电器集团董事长张近东的创业之路

张近东，苏宁电器集团的董事长，中国财经界和富豪榜上极富传奇色彩的人物，曾先后被授予"中国青年五四奖章"、"优秀中国特色社会主义事业建设者"、"全国劳动模范"、"2006 CCTV 中国经济年度人物"、

"2007 年度中国 25 大企业领袖"等国家级荣誉称号。2008 年，张近东在胡润百富榜上排名第七，其个人身价为 370 亿元，成为中国民营经济和商业领域的领军人物。那么，张近东到底是如何从一个平凡的人成为一名亿万富翁的呢？他又是如何从一名下海人员成为中国家电连锁业呼风唤雨的人物呢？

冷门入市获开门红

1984 年，张近东毕业于南京师范大学中文系，随后便供职于南京鼓楼区工业公司。20 世纪 80 年代末到 90 年代初，乘着改革开放的东风，中国出现了一股"下海"潮流。此时，年仅 27 岁的张近东也开始跃跃欲试。当时，张近东利用工作之余承揽了一些空调安装工程，为自己创业攒到了 10 万元资本。但是，10 万块钱能够干什么呢？张近东为此冥思苦想了好几天。当时，最热门也最赚钱的商品是家用电器，彩电、冰箱、洗衣机等都供不应求。因此，所有的亲戚朋友都认为，张近东肯定也会选择这些家电作为自己的经营项目。然而，张近东最后作出的选择却让周围的许多人大跌眼镜，因为他选择经营的项目是空调。要知道，对于普通的老百姓来说，当时的空调还是属于奢侈品呀，纯粹是一个冷门！但是，这样的选择，恰恰显示出了张近东长远的目光和过人的魄力。

1990 年 12 月 26 日，伴随冬日的寒风和同样清冷的空调行业，南京市宁海路上突然出现了一家仅有 200 平方米门面的小公司，并在公司门前挂上了"苏宁交家电公司"的牌子。这个时候，虽然外面还是天寒地冻，而且说不定还会面对周围一些冷言冷语，但张近东的内心一定是火热的，因为他已经意识到自己的选择是没有错的。虽然张近东当时并没有想到自己的这家小公司日后会发展成为庞大的"苏宁帝国"，更不会想到自己日后会成为"中国连锁风云人物"，但他似乎已经意识到，自己的创业之路一定会充满着激情，当然也会有汗水和泪水的陪伴。

公司成立之后，张近东的经营天赋也很快就发挥出来了，他根据当时的市场状况，别出心裁地使出第一招——建立起"配送、安装、维修"一体化的服务体系，并迅速组建起一支由 300 人组成的专业安装队伍，免费上门为顾客安装空调。这样的招数在今天看来，其实算不上什么妙招，因为它只是服务系统里的其中一个环节而已，但由于这是张近东的首创，所以为张近东掘得第一桶金起到了关键性的作用。同时，也奠定了服务是苏宁渠道的重中之重。

经过一年多的苦心经营，到 1992 年时，苏宁凭借着优质的服务，得到很多客户的认可，同时也得到厂商的极大支持，成为春兰空调全国销售的第一大户。这样，苏宁当年的销售额就达到了 6000 万元，纯挣了 1000 万元。从此，张近东和"苏宁"这两个名字在南京的空调市场上开始受到越来越多的关注。

单挑由大八商场组成的"联合舰队"

1993 年，空调市场竞争开始加剧，苏宁为了争取更多消费者的支持，不断降低产品价格。5 月 13 日，苏宁在报纸上刊出广告，其醒目的广告语"炎炎夏日，无须东奔西跑，买空调只需到一家"，更充满舍我其谁的霸气，并详细列出各种空调的让利价格。苏宁的这一招，可谓一石激起千层浪：首先是苏宁的门口排起了长达几百米的购买队伍，紧接着南京市的八大国营商场作出了强烈的反应，于 5 月 15 日成立了"家电拓展协调协会"，并发出"致全国空调生产企业的一封信"，指出"商家单方面压价倾销商品，将损害大多数同行的利益"，并吹响了他们反击的号角。5 月 19 日，八大商场的代表在广东某空调厂家的新闻发布会上集体退出会场，以此行为来表示对苏宁的抗议。5 月 20 日，八大商场又联合在报纸上登出广告，公布统一的旺季特价，而且有些品种甚至比苏宁还低 1000 元，并宣称将八大商场将统一采购、统一降价，如果哪家空调厂商给苏宁供货，他们就会全面封杀该品牌。至此，苏宁与八大商场的激战终于全面打响。

然而，激战的结果却让八大商场大跌眼镜，苏宁这只从来没有被他们看在眼中的"小舢板"，不但没有在他们的猛烈攻击下败下阵来，反倒凭借着"规模经营、厂商合作、专业服务"这三张王牌节节取胜，使当年的销售业绩达到 3 亿元，比上年增长 182%，摘取了全国最大空调经销商桂冠。更让八大商场难以置信的是，苏宁的这项桂冠保持长达 11 年之久。而这段广受关注的"苏宁现象"，更是被收入高校的营销教材。

对于八大商场的败北，张近东更是有自己独到的见解："从表面上看，八大商场是输在价格上，但他们并未意识到，苏宁实际上是创造了一个全新的商业模式。"的确，从 1991 年起，苏宁便率先向供应商渗透商业资本，首创了"淡季打款"这一运作方式，与当时两大空调供应厂商建立了全新的厂商购销模式，从而确保了能在旺季获得稳定的货源和优惠价格。而反观八大商场，却在市场经济到来的时候，依然采取计划经济的做法；在产品供不应求的时候，却还想着要封杀厂商。这种违背事物发展规律的做法，怎么可能不败呢？

总之，经此一役，张近东和他的苏宁公司一战成名，成为广大消费者关注的对象，为苏宁的进一步扩张打下了坚持的基础。

向全国进军

一举成名天下知后，张近东便开始了快速的扩张之路，建立了辐射全国的 4000 多家批发商。建设完"厂商渠道"之后，张近东又开始野心勃勃地编织更加强大的"销售渠道"。就在苏宁 10 周岁前夕，南京新街口 18 层的苏宁电器大厦盛大开业，其经营业务由单一的空调转向综合电器。而且，趁着苏宁羽翼渐丰，即将腾飞而起之时，张近东充满豪情地宣布："苏宁要用 3~5 年的时间建立 1500 家店，实现年销售额达到 300 亿~500 亿元的跨世纪连锁计划。"接下来，张近东便开始在业界上演了一出"裂变戏法"：2001 年，苏宁平均每 40 天开一家新店；2002 年，苏宁平均每 20 天开一家新店；2003 年，苏宁平均每周开一家新店；2004 年，苏宁平均每 5 天开一家新店……让苏宁的连锁店遍及全国 30 个省市地区。到 2005 年时，经过了 15 年稳健发展的苏宁，在全国连锁的发展已进入批量生产的阶段。而张近东也不再制订未来具体的开店数量指标，而是完全放开手，看看自己到底能跑多快。

从专营空调到"3C"模式，从一个仅有 200 平方米的门面到在全国拥有将近 1000 家连锁店，从 10 万元起家到年销售达 850 亿元，从单挑八大国营商场到对抗跨国家电连锁企业……在将近 20 年的发展过程中，苏宁从无到有，从小到大，一步一个脚印，跨过一道又一道艰险，战胜了一个又一个困难。

从苏宁的发展过程看，其营销渠道是从空调销售做起的，而苏宁空调销售的口号是——服务就是我们的产品。由此可见，苏宁渠道发展是由传统的电器销售服务到连锁经营的过程。在多年的连锁发展中，苏宁电器两头渗透，一方面向下游的管理渗透，整合现有的渠道和网络，扩大连锁网络，推广特许经营整合；另一方面又和上游进行整合，比如和上游的合资，更深层次的合作。

如今，苏宁在区域分布上已经形成了由省会城市店面，到地级城市店面，再到县级城市店面的市场分布格局；在单个城市的分布上形成了由核心商圈店面，到区域商圈店面，再到社区商圈店面的城市网络格局；在店面类型上形成了由旗舰店到中心店，再到社区店的结构类型格局，使连锁店网络布局的合理性、均衡性和精细化的程度又上了一个新台阶。另外，在以连锁店服务为基石的原则下，苏宁还配套建设了物流配送中心、售后服务中心和客户服务中心，为消费者提供方便快捷的零售配送服务、全面专业的电器安装维修保养服务和热情周到的咨询受理回访服务。而所有的这些，都是苏宁的整个团队在张近东的领导下，一步一步拼出来的。目前，苏宁正是在"爱拼才会赢"这一条信条的指导下，朝着"打造中国最优秀的连锁服务品牌"的目标而不懈努力。

一阵阵紧张

我们的工作就是把
一页电话簿给每个公
司电话拉广告业务。
刚开始手忙脚乱，
结巴，经常出错……

结结巴巴

给陌生人打推销电话，
要想尽各种办法，让对方
感兴趣，确实不容易。

第二部分　职场突围

太难了！

呸！

我联系的人里
什么人都有，就是
没有买单的人！

第七章
如何看待
第一份工作

　　很多初涉职场的新人，常常一进入职场就想找到一份好工作。于是，当有的人很快就谋得一份轻松而报酬丰厚的工作时，就开始沾沾自喜，认为自己终身有靠了；有的人找到一份很辛苦却不赚钱的工作时，便开始怨天尤人，感叹自己没有关系、没有背景，而且运气不好，似乎全世界人都对不起他；有的人抱着宁缺毋滥的心态，发誓非要找到一份好工作，所以对现有的工作机会挑三拣四，迟迟没有参加工作；有的人则开始努力拉关系、走后门，希望能够改变自己的处境，但结果却总是让他们失望。那么，初入职场的你，应该怎样看待自己的第一份工作呢？

字典里最重要的三个词就是，意志、工作、等待。我将要在这三块基石上建立我成功的金字塔。

——路易斯·巴斯德

1. 要有良好的工作态度

拥有一份轻松、有发展前景、待遇好的工作是每一个人都向往的，但现实中并没有那么多这样的好工作，甚至可以说没有，尤其是当人们在找第一份工作的时候，这样的机会更难遇到。这时，你就要摆正自己的心态，用积极的、平和的心态去看待自己的第一份工作。

可以说，第一份工作是我们人生的新起点，它往往影响着我们以后的人生路。但需要注意的是，作为人生中的第一份工作，其重要性并不在于你做什么，而在于你怎样做和从中学会了什么。

美国迈阿密《先驱报》的荣誉总裁罗伯特·苏亚雷斯刚到美国的时候，他的第一份工作是专门站在广告插入机器前，将一份份广告夹入报纸内，每天工作 15 个小时。虽然这只是一份临时工作，工作也很辛苦，但罗伯特认为这份工作给了自己一个至关重要的启示，这个启示影响了自己以后的整个职业生涯，那就是：没有什么收获是理所当然而不需要付出努力的。

美国前国务卿鲍威尔的第一份工作是在一家汽水厂抹地板，虽然这份工作十分低微，但他打定主意要做一个最好的抹地板工人。结果因为他出色的工作表现和积极的工作态度，第二年他就被提拔为公司的副工头。最终，这位抹地板的工人成为了著名的政治家。

可见，即使是名人，他们的第一份工作也很可能是卑微的，但他们并没有气馁，而是用一种积极的心态去面对，并从中学到了使他们受益终生的道理。所以，如果你的第一份工作很优越，那么你也没有什么可以骄傲的，你需要做的是继续努力，从中获得更丰富的工作经验和处事方法、技术能力和机遇等有助于你的长期职业发展的要素。与这些相比，这时候的薪水往往是最不重要的。如果你的第一份工作是卑微的，那么你没有什么可以自卑的，要知道，第一份工作虽然很重要，但绝对不是你永久的工作，它只是你职业生涯的一个开端，而以后的路该怎样走取决于你自己，而不是这份工作。

2. 不问喜欢不喜欢，只问应该不应该

　　小李和小邓大学毕业后都没有找到合适的工作，他们只好应聘到一家酒店当服务员。这是他们进入职场以后的第一份工作。

　　由于是新人，没有工作经验，经理就将他们安排在最底层实习。小李被安排收拾桌椅，他每天都要把残羹剩饭倒掉，然后把碗盘收走，把满是油污的桌子擦干净，最后换上干净的桌布。小李觉得这份工作对于他来说简直是一种耻辱。但是迫于生存压力，他不得不留下来苦熬日子，他打定主意一有机会就马上离开这里。由于他心思不在工作上，所以好多次因为桌子没有擦干净而被客人投诉。

　　在小李看来，他的工作已经够糟糕的了，但小邓的工作却比小李还糟糕，经理居然安排他到洗手间去当侍应生，工作内容是为客人递擦手布。他每天要在这个地方站 8 个小时，而且要始终对客人笑脸相迎。但让小李感到奇怪的是，小邓并不反感这份工作，而且做得很开心，虽然他每天晚上都要比小李晚下班，但看起来小邓并不像小李那么累。

　　有一天，小李忍不住好奇地问小邓："大学生就干这种工作，你难道不觉得委屈吗？"小邓笑笑说："这只是我们现在的工作，我们不会永远做这样的工作的。而且如果我们连这么简单的工作都干不好，那我们还能干什么呢？"

　　其实，刚开始的时候，小邓也不愿意一天到晚拿着毛巾站在马桶边等着递给客户，他怎么也微笑不起来，更不要说整天对人笑脸相迎了，他甚至一听到厕所内冲水的声音就感到反胃。

　　但过了一段时间，小邓不再这样想了，他意识到，虽然自己不喜欢眼前的这份工作，但如果这份工作做不好，那么自己将有可能从事一辈子这样的工作。于是，他决定把这份工作当成他人生中一个好的起点来做，他相信自己总有一天会得到一份好工作。

　　从此，小邓的工作质量开始有了极大的提升：他不再像以前那样只是呆呆地站立在门边等客人出来然后递上一块小手帕，每次看到有行动不方便的老人和小孩进来时，他会主动去帮助他们，洗手间脏了

而清洁工没有及时清理的时候，他也会主动去做这些工作。

两个月过去了，小李和小邓的实习期也结束了。小李因为在工作中经常出错，被公司辞退了；而小邓却让经理很满意，他的认真、主动、负责深深地打动了经理。于是，经理把小邓调往客户部做经理助理，薪水也几乎上涨了两倍。在新的工作岗位上，小邓的工作热情一天比一天高涨。

小邓再次看到小李，是在自己去一家旅游公司谈合作计划的时候。当时小李站在大厅给客人打印、复印文件，而这正是小李最不喜欢做的工作。

小邓理想中的工作绝不是厕所的侍应生，然而正是这第一份低微的工作却给了小邓美好的前程，因为小邓在工作中能够不断提升自己、完善自己。而小李总是嫌弃工作不理想，因而自暴自弃，对工作懈怠，以至于始终与理想的工作无缘。

其实，很多成功人士的第一份工作都不是很理想的，有的甚至是既辛苦又挣不了多少钱，但是，这些不理想甚至卑微的工作，却磨炼了他们的心志，培养了他们的毅力，教会了他们进取，让他们不断地完善起来，最终成长为某一个领域的高级人才。

3. 学会在工作中寻找快乐

据智联招聘发布的一项调查表明："快乐工作"已成为现代职业人的新追求。在职场上，无论你是身处平凡的基层岗位，还是发号施令的上层管理层，"快乐工作"都是大家所共同追寻的新境界。

也许很多职场中人在抱怨自己平凡而单调的工作时，总是会向那些高雅时尚的白领、耀眼多金的明星以及日理万机的老板投以万分羡慕的目光。其实，并不是只有那些生活在闪光灯和别人注目下的人才是幸福的。所谓"天生我材必有用"，其实你也可以选择最适合自己的工作状态和方式。

林旭大学时学的是化学专业，毕业整整一年都没有找到喜欢的工作，后来他看网上开店做生意很流行，而且用这种方式做生意既不用交租金，经营者所承担的风险也比开实体店要小得多，于是林旭决定也开个网上小店卖衣服，体验一下自己创业的滋味。林旭的家人听说了他的这个决定以后都极力反对，他们觉得林旭上完大学去卖东西是不光彩的，但林旭还是下定决心要做出点成绩来。

虽然林旭是个男孩子，但他很喜欢看时尚杂志，而且对于服饰的搭配也很有研究，有时候他的女性朋友去买衣服的时候还会特意征询一下他的意见。作出了开网店的决定以后，林旭把平时在时尚杂志上看到的最新款式和搭配都熟记于心，并且开始按照自己的想法来搭配服饰，渐渐地，林旭从原本只对时尚品牌一知半解，成了后来的时尚品牌通。接着，他就开始在北京城的各个商圈里"淘货"。起初他只是零星地淘些在杂志上见过的漂亮衣服，然后自己精心搭配，经过他的手搭配出来的衣服总能成为一件"艺术品"，然后，林旭就会给这些精心搭配过的衣服细心拍照，上传到网页上，并对每个网页都精心地进行装点修饰，最后再用一些极为煽情的广告语进行宣传。就这样，一件件漂亮而有吸引力的衣服包装出炉了，很多人一见到就爱不释手。在这份工作中，林旭感到很快乐，他恨不得把所有的时间和精力都放到生意上。

久而久之，由于他店里的衣服进价较低，售价也公道实惠，他赢得了越来越多的回头客，有的还通过他的网上小店成了朋友。他的小店生意越来越好，店铺的规模也越来越大，他开始有了专门的供货商，商品的种类也由原来单纯的衣服逐渐发展到发饰、化妆品、装饰配件等十几个大类，几乎囊括了女孩追求的所有东西。现在林旭的网店已经经营快 3 年了，每周他发往全国各地买家的货品就有几百件，当初最反对他开店的妈妈现在也时常帮助他做生意。

如果能够从工作中感觉到乐趣，那么即使是再烦琐再劳累的工作，你也会觉得开心。比如你手头有堆积如山的工作，如果你觉得做这些事情让你很有成就感，情绪高涨，你做起来就会事半功倍，否则，就是再轻松的工作也会被你视为累赘。林旭就是因为在工作中找到了乐趣，所以愿意努力去经营自己的小店，才最终获得了成功。

不要以为别人比自己更快乐，不要以为别人的工作比自己的更有意义、更优越、更完美。其实很多时候，工作与工作之间并没有什么本质的差别，所不同的只是有的人积极地看待工作，并从工作中找到了乐趣。而有的人仅仅把工作看成是一种谋生的手段，是一种无奈之下的选择，工作于他们而言毫无乐趣。

因此，一定要记住，要想获得成功，除了做自己喜欢并擅长的工作之外，还要善于从工作中寻找乐趣，使平凡的工作也充满乐趣。这样，才会不断地提高工作效率，并从工作中获得自豪感和成就感。

案例　伊利集团董事长潘刚：上善若水

潘刚，1970 年出生于内蒙古，1992 年 7 月大学毕业后即进入伊利集团。2002 年 7 月，任职伊利集团总裁兼液态奶事业部总经理，成为中国 520 家重点工业企业最年轻的总裁。2005 年 6 月股东大会上，得到流通股代表的全票支持，当选为董事，进而全票当选为伊利集团董事长，并兼任总裁。

从 1992 年进入伊利集团，到 2005 年成为伊利集团的董事长，潘刚仅仅用了 13 年的时间，这如果是在一家小企业里，当然算不了什么。但在伊利这样的大型企业中，这样的速度不能不说是一个惊人的速度。那么，潘刚到底是凭借着什么实现了职场上的快速飞跃呢？

是伊利首先选择了我

20 世纪 90 年代初，服从分配是那时大学毕业生就业的第一选择。1992 年，22 岁的潘刚从内蒙古农业大学食品专业毕业后，被分配到伊利的前身呼和浩特市回民奶食品厂，当上了一名工人。潘刚后来回忆说："是伊利首先选择了我。"

2005 年，年仅 35 岁的潘刚正式升任为伊利集团董事长，而潘刚更是声称自己是"最了解伊利的人"。

或许有人会说，潘刚之所以晋升得如此之快，完全是因为他运气好，才使得他职业生涯中的第一份工作就成就了他从士兵到将军的化蝶。也可能正是如此，才使得潘刚的从商履历缺少一些传奇色彩，甚至显得有些平淡。

不愿"沟通"的质检员

19 年前，当潘刚第一次走进伊利这个街道小厂时，他这个大学毕业生的工作是在车间里当一名操作工。当时，工作的环境十分不好，车间的地上几乎全是水，而潘刚却连一双雨鞋都买不起，只穿着一双薄薄的鞋。所以，一到了冬天，他的脚上就生满了冻疮。

虽然潘刚知道，自己只是一个刚刚毕业的学生，人微言轻，但他还是大着胆子给领导提了一些合理化的建议。领导看完了他的汇报后，决定采纳他的建议。结果，重新设计的管线让工人们省了很多力气。

很快，潘刚被提升为质检员。当时，他面对的是一个还不习惯于以质检来控制标准的行业。所以，当他公布质检的结果后，那些被点名的部门负责人纷纷找他"沟通"，希望他能重新检测，但潘刚的答案只有一个字——"不"。

机会就像一枚硬币的两面

有人曾问过潘刚："如果你能选择的话，你希望让什么重现？"潘刚毫不犹豫地回答："机会。"而且，潘刚一直认为，机会就像一枚硬币的两面，这一面是重重险阻，另一面却是柳暗花明。然而，机会对于很多人来说却是捉摸不定的，有些人总是错过机会，有些人总是在等待机会，有些人却懂得创造机会。

1993 年，伊利在金川筹建冰淇淋厂质检部时，条件艰苦，远离总部，没人愿意去，因为很多人对这个项目没有信心。但潘刚很清楚，如果他主动要求去，那么他很有可能会成为一名管理者，虽然有风险，但他想，大不了从头再来。于是，潘刚去了。

1996 年，伊利在更偏远的地区收购一家倒闭的工厂，筹建矿泉水饮料公司，还是没人愿意去。这时，潘刚又面临着一个新的选择：是否要去开辟矿泉水这个新项目。如果不去，他的生活会比较稳定；如果去了，他收购的将是一个在当地已经倒闭的矿泉水厂，机器老旧不说，那家矿泉水又是在与世隔绝的深山里。结果，潘刚还是选择去了那家矿泉水厂，开始了新的创业征程。而这一次，他又大获全胜。

这两次机会，其实不仅仅是属于潘刚的，也是属于别人的，只是别人不看好，而潘刚却抓住了。所以，有时候成功就这么简单，只要你抓住了一两次关键的机会就可以了。只是，这些看似陷阱的机会，如果换成你，你会抓住吗？

潘刚善于选择机会，这是谁都知道的，但他绝对不是投机者。潘刚认为，对机会把握的能力，源于不断地学习。

上善若水

2011 年，是潘刚在伊利工作的第 19 年，在总裁位置上的第 9 年，在董事长位置上的第 6 年。这一年，他刚好过不惑之年。这期间，伊利从一个初具现代企业制度的当地企业发展成比较国际化的大集团，由一个年产值百万元的小不点变成了今天年销售额超过 200 亿的规模。

对于伊利这些年来的改变，潘刚用了三个字概括——不容易。然而，不知道是潘刚影响着伊利，还是伊利影响了潘刚，伊利在市场上的表现也如潘刚的性格一样，不紧不慢，固执却又沉稳。为此，曾经有人希望他总结一下自己的管理风格，但潘刚却说还为时尚早，因此他更愿意说说自己的理念："我十分欣赏'上善若水'这四个字，柔则至柔，刚则至刚，滋润万物，清洁自我。"同时，潘刚还认为，上善的人，就应该像水一样，造福万物，滋养万物，却不与万物争高下。这，或许就是潘刚成功的秘诀吧——上善若水，水善利万物而不争。夫唯不争，故天下莫能与之争！

第八章
前途比"钱途"
更重要

    在现实中，很多人都会面临这样的状况：一份工作能够为自己提供相对比较丰厚的薪资待遇；另一份工作没有那么好的待遇，而且很辛苦，但是很有发展前途，只要坚持一段时间，自己就可以获得超额的回报。那么，到底是要前途还是要"钱途"呢？很多人在这样的选择面前，往往陷入了迷茫之中。

先天环境的好坏并不足奇，成功的关键完全在于一己之努力。

——王永庆

1. 要有长远的目标

常言道："鱼与熊掌不可兼得。"的确是这样，很多时候，为了长远的目标，我们必须暂时放弃眼前的利益。

记得很早以前，美国曾组织一批专家做过这样一个实验：他们招集一些只有三四岁的孩子，然后让这些孩子各自单独留在屋子里面，并给他们一块棉花糖，同时告诉他，大人要离开屋子半个小时，在这半小时之内，如果他没有把那块棉花糖吃掉，那么等大人回来之后还会再给他一块棉花糖。结果，很多孩子都没能经受住这个考验，在半个小时之内就把那块棉花糖给吃掉了。后来，专家们又进行了跟踪调查，结果发现，当初那些在半个小时之内把棉花糖吃掉的孩子，他们长大以后的表现，大都很平庸；而那些可以忍着不把棉花糖吃掉的孩子，他们长大之后，大都成为了成功的人士。

王强在刚刚大学毕业的时候就看好了一家广告公司，他很想进入这家公司工作，因为这家公司有非常强大的策划团队和成熟的管理理念，在这样的公司里工作可以让人迅速成长。但是，对于新人尤其是刚刚毕业的大学生，这家广告公司却每个月只开出 1000 元钱的工资，而且没有任何提成，也没有其他任何福利待遇，这让很多人选择了放弃。但王强并没有放弃，他相信这家公司能够给自己想要的东西。事实证明，王强的选择是正确的，他进入这家广告公司之后，就虚心地向老员工学习，不放过任何一个能够提高自己的机会。三年之后，王强由于工作能力突出，业绩出色，很快就被提拔到公司广告总监的位置上，薪资也提高到了当初的几十倍。

从王强的故事我们可以得出这样的结论，当你进入了一家自己梦寐以求的企业时，最好应该把"钱途"放在次要的位置上，无论是多低的待遇，只要那里有前途，就值得你为之奋斗到底。实际上，随着前途的通畅，你的"钱途"也会因此而光明起来。

因此，在前途与"钱途"的选择上，重要的不是你以后可以得到什么，而是你有多大的把握得到你想要的东西。只要你所做的事情和你想要做的事情符合你的兴趣和理想，而且你也有条件去实现它，那么你不妨一试。最后，你会发现你已经是名利双收。

曾经有一个大学生毕业后经过全面的市场考察分析，认为擦皮鞋有巨大的市场潜力，他希望开办属于自己的擦鞋连锁店。于是他勇敢地去实践，最后，他把擦鞋店开到了城市的每个角落，他也因此获得了丰厚的回报。

大学生擦皮鞋与面子、尊严无关，甚至一开始的时候连"钱途"都不明朗。但作为一个对擦鞋市场有着严谨调研的大学生来说，他把擦皮鞋视作自己的事业，虽然眼前的利润是微不足道的，但他却从中看到自己的前途。

2. 学会放弃

谭顿是一个喜欢拉琴的年轻人，可是他刚到美国时却必须到街头拉小提琴卖艺来赚钱。事实上，在街头拉琴卖艺跟摆地摊没两样，都必须争个好地盘才会有人来、才会赚钱，而地段差的地方，当然生意就较差啰！

很幸运地，谭顿和一位认识的黑人琴手一起争到一个最能赚钱的好地盘，一家商业银行的门口，那里的人好多！

过了好一段时日，谭顿赚到了不少卖艺钱之后，就和黑人琴手道别，因为他想进入大学进修，在音乐学府里拜师学艺，也想和琴技高超的同学们互相切磋。于是，谭顿将全部时间和精力投注在提升音乐素养和琴艺之中……

在大学里，虽然谭顿不像以前在街头拉琴那样赚很多钱，但他的眼光超越金钱，转而投向那更远大的目标和未来。

十年后的一天，谭顿路过那家商业银行，发现昔日的那位老友——黑人琴手，仍在那"最赚钱的地盘"拉琴，而他的表情一如往昔，脸上显露着得意、满足与陶醉。

当黑人琴手看见谭顿突然出现时，很高兴地停下拉琴的手，热情地说道："兄弟啊！好久没见啦！你现在在哪里拉琴啊？"

谭顿说出了一个很有名的音乐厅的名字，黑人琴手一听，反问道："那家音乐厅的门前也是个好地盘，也很好赚钱吗？"

"还好啦，挺不错的！"谭顿没有明说，只淡淡地回答。

那位黑人琴手哪里知道，十年之后的谭顿，已经成为一位国际知名的音乐家，他经常应邀在著名的音乐厅中登台献艺，而不是在门口拉琴卖艺呀！

有时候想想，我们是不是也会像那位黑人琴手一样，一直死守着"最赚钱的地盘"而不放，甚至还沾沾自喜、扬扬得意呢？我们的才华、我们的潜力、我们的前程，会不会因死守着"最赚钱的地盘"而白白地断送掉？

所以，很多时候，我们必须懂得及时抽手，离开那个看似最赚钱，却不再进步的地方。因为只有鼓起勇气，不断学习，才能有机会、有能力再去开创生命的另一座高峰。

3. 想象若干年后的自己

特纳是一个音乐爱好者，而且达到了痴迷的程度。在他 19 岁那年，他很幸运地到（美国）政府一个很重要的部门里任职，同时还在一所大学里学习电脑。当时，工作与学校的生活几乎占据了他所有的时间，但他还是尽量抽出时间和精力用在音乐的创作上。

他很清楚，自己虽然很有音乐天赋，但歌词的创作却并不是自己的专长，所以他一边搞创作，一边寻找一位擅长歌词创作的搭档。不久之后，他终于认识了一位名叫凡内芮·约翰逊的女孩，正是这个女孩，在他的事业刚刚起步时，给了他最大的鼓励。

当时年仅 19 岁的凡内芮，在德州的诗词比赛中曾经获得很好的名次，并得到很多奖牌，而她的那些作品，更是让他爱不释手。后来，他们在一起合作时，曾经创作出很多好的作品，直到若干年以后，他仍然觉得那些作品充满了特色与创意。

一个周末的下午，凡内芮热情地邀请他到自己家的牧场去吃烤肉。凡内芮的家族是德州有名的石油大亨，拥有庞大的牧场。她的家庭虽然极为富有，但她在为人处世中的谦逊和真诚，让他从心底里更加佩服她。他们都知道自己对音乐的执著，然而，面对那遥远的音乐世界，以及对他们来说相对陌生的唱片市场，他们一点路子都没有。此时，他们两个人正坐在德州的乡下，都在想着下一步该如何去走。突然间，她冒出了一句话："想象一下，五年后你最希望自己做什么？"

他一听，顿时愣住了。

还没等他回过神来，她就转过身来，很认真地对他说："告诉我，五年后，你最想做的是什么？那个时候你的生活应该是什么样子？"他还没有来得及回答，她又抢着说："不用急着回答我，你先仔细想想，等完全想好了，确定之后再说出来。"他沉思了几分钟，然后告诉她："五年后，我希望自己能有一张唱片在市场上发行，而且这张唱片很受欢迎，可以得到许多人的肯定。同时，我希望自己住在一个有很多很多音乐的地方，每天都能够与世界上顶尖的音乐人一起工作。"

凡内芮说："你确定了吗？"

他缓慢而又坚定地点着头，而且拉了一个很长的"Yes"！

凡内芮接着说："好，既然你已经确定了，那么我们现在就把这个目标倒算回来。

"如果你希望自己能够在第五年在市场上发行一张唱片，那么第四年的时候，你应该已经要跟一家唱片公司签约了。

"第三年的时候，你应该已经有一部完整的作品，可以拿给很多唱片公司听，对不对？

"第二年的时候，你应该已经有很棒的作品开始录音了。

"第一年的时候，你应该已经把自己所有要准备录音的作品全部编曲，并且做好一切准备。

"第六个月的时候，你应该把那些没有完成的作品修改好，然后开始进行逐一筛选。"

"第一个月，你就要把目前的这几首曲子完工。

"第一个礼拜，你就要先列出一整个清单，排出哪些曲子需要修改，哪些需要完工。"

"好了，我们现在已经知道下个星期一要做什么了！"凡内芮笑着说。

"哦，对了。你还说五年后，要生活在一个有很多音乐的地方，然后和许多世界顶尖的音乐人在一起工作，对吗？"凡内芮又补充说。"如果你第五年要与这些人一起工作，那么第四年的时候，你就应该有一个自己的工作室或录音室了；第三年的时候，你就应该跟这个圈子里的人在一起工作了；第二年的时候，你应该不是住在德州，而是已经住在纽约或是洛杉矶了。"

听了凡内芮的一番话之后，他的心终于豁然开朗，而且也知道自己下一步该怎么做了。于是，第二年的时候，他辞掉了那份令很多人美慕的工作，并搬到了洛杉矶。

说来也奇怪，虽然不是正好在第五年，但大约在第六年的时候，特纳的第一张唱片就开始在市场上热销了，而他也终于和世界上最顶尖的音乐人在一起，每天忙着自己喜欢的工作……

读完这个小故事，不知道你是否能够从中得到一些启发呢？每当我们在梦想面前徘徊的时候，每当我们被压力压得喘不过气来的时候，每当我们陷入迷茫而不知所措的时候，不妨静下心来问自己：五年后我最希望自己在做什么？今天的我又该从何做起？

案例　世界华人首富李嘉诚的忠告

李嘉诚，15 岁开始做推销员，22 岁时开始创业，29 岁时赢得"塑胶花大王"的美誉，30 岁开始涉足房地产……58 岁时首次登上香港首席财阀的宝座，60 岁时被《财富》杂志评为世界华人首富，而且连续 6 年荣膺世界华人首富。

那么，作为世界华人首富的李嘉诚，会给年轻人哪些忠告呢？下面，我们将从《李嘉诚自传》一书中摘选出李嘉诚给予年轻人忠告的一些话。

1. 我们的社会中没有大学文凭，白手起家而终成大业的人不计其数，其中的优秀企业家群体更是引人注目。他们通过自己的活动为社会作贡献，社会也回报他们以崇高荣誉和巨额财富。

2. 精明的商家可以将商业意识渗透到生活的每一件事中去，甚至是一举手一投足。充满商业细胞的商人，赚钱可以是无处不在、无时不在。

3. 我从不间断读新科技、新知识的书籍，这样就不至于因为不了解新信息而和时代潮流脱节。

4. 好的时候不要看得太好，坏的时候不要看得太坏。最重要的是要有远见，杀鸡取卵的方式是短视的行为。

5. 有钱大家赚，利润大家分享，这样才有人愿意合作。假如拿 10% 的股份是公正的，拿 11% 也可以，但是如果只拿 9% 的股份，就会财源滚滚来。

6. 不义而富且贵，于我如浮云。是我的钱，一块钱掉在地上我都会去捡。不是我的，一千万块钱送到我家门口我都不会要。我赚的钱每一毛钱都可以公开，就是说，不是不明不白赚来的钱。

7. 眼睛仅盯在自己小口袋的是小商人，眼光放在世界大市场的是大商人。同样是商人，眼光不同，境界不同，结果也不同。

8. 做人最要紧的，是让人由衷地喜欢你，敬佩你本人，而不是你的财力，也不是表面上让人听你的。

9. 今天在竞争激烈的世界中，你付出多一点，便可赢得多一点。好像奥运会一样，在短跑比赛中，虽然是跑第一的那个赢了，但比第二、第三的只胜出少许，只要快一点，便是赢。

10. 我对自己有一个约束，并非所有赚钱的生意都做。有些生意，给多少钱让我赚，我都不赚……有些生意，已经知道是对人有害，就算社会容许做，我都不做。

上面的这十条忠告，当然只是我们从李嘉诚众多的话语中摘录出来的一小部分，但透过这些话语，我们可以看出李嘉诚在做人、做事等方面的原则和智慧。同时也在告诉我们，不论是初涉职场，还是独自创业，前途远远比"钱途"更重要，因为拥有"钱途"，不一定会拥有前途，但如果拥有前途的话，就一定会拥有"钱途"。

叱咤香港地产界近 30 年的洪小莲，一直统领长江实业集团的命脉——售楼部，是长江实业集团的实权人物、李嘉诚的心腹大将。多年来，在洪小莲的运营下，长江实业集团售楼部功勋彪炳，即便是在 1997 年亚洲金融风暴时，集团的销售业绩也依然保持行业领先。

其实，1972 年，当只有高中学历的洪小莲刚进入长江实业集团公司时，她是负责日常事务和总务行政工作的秘书，工作极为单调琐碎。在她看来，自己的这份工作是没有什么前途的，好在她觉得李嘉诚给她的工资待遇还是不错，所以看在"钱途"的份上，她只好硬着头皮干下去，至于以后怎么办，她自己也不知道。

有一天，吃过午饭后，洪小莲利用休息时间翻开报纸看花边新闻，正看得津津有味的时候，李嘉诚从外面回到公司，经过她身边的时候说了一句："有时间就去进修充实自己，不要看这些浪费时间，还耽误了自己的前途。"

对于李嘉诚的这些话，洪小莲最初的反应是不服气，但她很快就意识到，自己还这么年轻，不能一辈子就这样待在这个岗位上混下去。于是，她开始选修了行政和工商管理类的课程，让各种各样的进修占满了自己的业余时间。有一次，她陪同李嘉诚参加会议，突然发现销售楼盘是非常有挑战而且自己真正感兴趣的事情，此后，她一有机会就研究房地产业务和房地产市场。在相当长时间的积累之后，她与李嘉诚诚恳地进行了一次交谈，请求更换职位，做售楼工作。

结果，仅仅用两年的时候，洪小莲就当上了销售助理，并迅速掌管售楼部。1985 年，李嘉诚任命她出任公司执行董事，而她当时的年薪就已经高达 1 200 万港元。

第九章
耐得住基层工作
的寂寞

　　两千多年前，孟子就曾经说过："天将降大任于斯人也，必先苦其心志，劳其筋骨，饿其体肤，空乏其身，行拂乱其所为，所以动心忍性，曾益其所不能……"对于孟子的这几句话，相信大家一定不会陌生，甚至早就已经背得滚瓜烂熟了。但是，如果真要读懂它，则需要我们付出很大的努力，尤其是在职场上，就更是如此。

　　一百多年前，清末著名的国学大师王国维也说过："古今之成大事业者、大学问者，无不经过三种之境界：'昨夜西风凋碧树，独上高楼，望尽天涯路'，此第一境界也；'衣带渐宽终不悔，为伊消得人憔悴'，此第二境界也；'众里寻他千百度，蓦然回首，那人却在灯火阑珊处'，此第三境界也。"王国维所说的这三层境界，不管是哪一层境界，其实都是在寂寞中度过的，所以只有真正耐得住寂寞的人，才有机会迎来属于自己的辉煌的时刻。

凡做事，将成功之时，其困难最甚。行百里者半九十，有志当世之务者，不可不戒，不可不勉。

——梁启超

1. 不要小看任何一份工作

他出生在农村，高考落榜后，看着贫穷的家，他放弃重考的机会，只身一人来到了城市。由于没有学历，身体又比较瘦弱，所以他只能找一些不太重的体力活干。但即使这样，还是没有人愿意接受他这个刚从农村出来的孩子。终于，几经辗转，在一位同乡的介绍下，他才找到了一份清洁的工作。这工作的主要的内容是每天擦玻璃，公司提供食宿，月薪是800元。

对于这份工作，他觉得很满意，所以做得很起劲。有人问他："你看来这么瘦弱，为什么不继续念书考大学，出来受罪赚这一点钱？"他说："我家里很穷，我下面还有弟弟妹妹，需要我的薪水供他们念书。所以，能够有这份工作，我已经很满足了！"

就这样，他在那家清洁公司一做就是五年，而且一直在擦玻璃。这五年来，他的同事就像流水一样，已经不知道换过多少批了，很多人甚至还待不到一个星期就嫌薪水太低、工作太脏而走了。只有他，一直坚守着这份工作。这五年来，他也曾经受到过别人的冷落、白眼，甚至连他的亲人和朋友也不谅解他，认为他仅仅满足于现状，不思进取。但是，他不管这些，每天只是默默地、卖力地工作着，这座城市里的大厦、酒店、宾馆、商场等，他几乎都去服务过多次。由于他工作认真，做得到位，所以有很多老顾客都指名要他过去服务，他简直成了公司的形象代言人。

有一天，一位新来的女孩和他一起出去工作时，好奇地问他："我听说你已经擦了五年的玻璃了，你刚进公司时每月只有800元，虽然后来公司给你涨了工资，但你现在每个月也只有1200元，我觉得还是太少了，你难道没有想过要换一个更好一点的工作吗？"他笑了笑，回答："会换的。"

不久之后，大家所熟悉那个擦玻璃小伙子突然不见了。紧接着，一家快餐店开业了，而这家新开业的快餐店老板，就是那位曾经擦了五年玻璃的小伙子。大家们觉得很疑惑，因为快餐业在城市中的竞争是相当激烈的，而他又没干过餐饮业，没有任何的经验，他的这家快餐店能够维持下去吗？然而，出乎很多人的预料，他的那家快餐店很快就打开了局面。

其实，他的快餐店之所以如此迅速就打开局面，原因也很简单，就是他在擦玻璃的这五年里，已经走遍了这座城市中的每个大厦、酒店、宾馆、商场，而他曾经服务过的客户，也早就把他当成了朋友。所以，他的快餐店不但迅速打开了局面，而且在短短的两年内就发展到整座城市的各个角落，资产逾千万元。

那位曾经擦了五年玻璃的快餐店老板是幸运的，因为他仅仅用了五年的时间，就完成了从一个农村男孩到老板的转型。而这个转型的过程，看起来也非常的简单，只擦了五年的玻璃就成为老板了，谁不会呢？但实际上，真的这么简单吗？如果真的这么简单，为什么那么多曾经擦过玻璃的年轻人，只有他一个人坚持下来了呢？这其中的道理，是值得我们深思的！

2. 学会等待

王明是一位很有名的作家，为了能够拥有一个相对比较安静的环境，好让自己安心地写作，王明便从喧闹的市中心搬到郊外去住。在离王明住处不远的地方，有一片很大的苹果园，在写作之余，王明每天都会到那里去散步。日复一日，这片栽满苹果树的园林，竟然成了王明生活中不可缺少的一部分，如果哪一天因为太忙而没有到苹果园中去散步，他就会有一种莫名的失落感。

时值深秋的一天傍晚，王明又像往常一样，哼着轻快的歌儿来到这片苹果园。这个时候，园里的苹果已经被果农采摘完了，苹果树上的黄叶子也显得很稀疏，微风吹来，便不时有金黄的叶子飘落到旁边的小路上。本身就很有文学天赋的王明，不禁沉醉于眼前这种苍凉的意境之中。就在想抒发一番感慨时，他突然发现树上还有一个苹果，像他的拳头一样大，正稳稳地挂在一个树杈的中间。

很显然，这个苹果被忘了采摘了，而它之所以被果农们忽略掉，是因为它所在的位置确实非常隐蔽，不容易被人发现，要不是树上的叶子已经掉得差不多，恐怕连王明也不会发现它的存在。这时，王明在心里开始想：要不要现在就把这个被果农遗忘了采摘的苹果摘下来？然而，他在犹豫了好一阵子之后，最终还是决定不去动那个苹果。而王明之所以这样做，一是希望自己以后每天来到这里时，都能够看到这个苹果；二是他很想看看，一个没有被人提前采摘的苹果，结果会是什么样子。

冬天很快就来了，从立冬到小雪，再从冬至到大寒，日子一天天地过去，一天比一天寒冷。两个月之后的一天，当王明再次来到那里时，他发现那个苹果已经不在树上了，而是静静地躺在树下的那堆枯叶里。它的外形显得是那样的饱满而圆润，色泽更是显得金黄而厚重。

王明自从搬到郊外居住后，就经常到果农那里去买苹果。可以说，从果农摘下第一批青涩的苹果开始，到采收结束时的最后一批所谓的成熟苹果，王明都已经一一品尝过了。然而，像眼前的这只苹果，他却从来没有见过。

王明将这个苹果带回家后，由于舍不得把它吃掉，于是就一直放在自己的书房里，这一放又是两个多月。直到有一天，王明的儿子突然问他："爸爸，你书房里的那个苹果是在哪里买的呀？怎么那么甜呢？"这时，王明才知道，果园里最后成熟的那个苹果，已经被自己的儿子吃掉了。

或许你曾经后悔过，因为你曾经在等待中错失了时机；或许你曾经懊恼过，因为你曾经的苦苦等待，结果却只是换来一场空。是的，不是所有的等待都会迎来你所希望看到的结果，也不是所有的等待都会有所收获。所以，等待的前提是你必须有一个正确的方向。而一旦正确的方向确立之后，就先不要去考虑眼前有没有机会，而是要把眼光放得长远一些，做好充分准备，等到一切都准备充足了，机会自然水到渠成。

当然，等待的过程虽然会给我们带来一份憧憬，但它却需要我们有一份耐心。可以说，即使你的方向正确，但如果你没有耐心去等待成功的来到，那么你只能用另外一种耐心去面对失败，甚至是死亡。

有这样一则寓言故事：

有一条小河，河岸的这边到处都是荒草、烂树叶，而且荆棘丛生，但河的对岸却是繁花似锦，鸟语花香。有几条毛毛虫却生在这河岸的这边，面对着自己如此糟糕的生活环境，这些毛毛虫十分向往到河的对岸去生活，但现在又不能过去，于是它们开始抱怨自己的妈妈为什么把它们生在这种鬼地方。蝴蝶妈妈听到毛毛虫们的抱怨后，安慰它们说："你们知道吗？这边的环境虽然不是很好，但你们在这边生活会更安全，会让我们顺利地长大。等你们长大了，长出了翅膀，你们自然就能够飞到河的对岸去啦！"可是，那些毛毛虫却不愿意等待，它们想马上就过去。

有一天，一个小男孩到河里游泳，不知不觉就游到了河的这边来。几条毛毛虫一看，以为机会来了，于是就迫不及待地落在那个小男孩的头上，想乘机让小男孩把它们"带"到对岸去。可是，小男孩在下水的时候，发现了自己头上的那些毛毛虫，于是三下五除二就把它们全给拍死了。

不久，河边又游过来一群鸭子。那些毛毛虫一看，又开始蠢蠢欲动，他们想借助鸭子"游"到对岸去，虽然它们知道这样做很危险，但还是有几条毛毛虫毫不犹豫地落在鸭子的身上。刚开始时，那些鸭子并没有察觉到它们，所以只是慢慢地往河的对岸游过去。然而，就在那些毛毛虫为自己的聪明而暗自得意时，鸭子们却发现了彼此身上的美味，于是便饱餐了一顿。

即使这样，剩下的那些毛毛虫还是不甘心，它们仍然强烈地希望能够早点到对岸去，并不断地寻找新的时机。机会又一次来了，这一天，河上狂风大作，而且风是从河的这边往对岸那边刮的，于是毛毛虫们纷纷地爬上落叶，希望这些落叶能够把它们"载"到对岸去。然而，非常不幸，由于风刮得太猛烈了，那些树叶刚一落到水里没多长时间，就被掀翻了。这样一来，那些可怜的毛毛虫便被淹死在河里了。

最后，只有那只一直听妈妈的话，安心待在河岸这边的毛毛虫，慢慢地长大，并变成了一只美丽的蝴蝶，它扑闪着翅膀，高兴极了，因为它知道，自己终于可以飞到美丽的彼岸去了。

小时候，我们总是希望自己快快长大，好尽快实现自己的理想。然而，当我们真的长大之后，蓦然回首间，才发现曾经的理想已经和我们渐行渐远了。为什么会这样呢？那是因为我们不懂得等待，甚至是拔苗助长，结果把我们那个小小的梦想给弄得支离破碎。要知道，没有经过一个季节成长起来的果实是不会香甜的，没有经过漫长窖藏的美酒也是不会醇香的。

在人的一生中，不可能事事顺利，而那些看似浪费时间的经历，其实就是最宝贵的财富。所以，不管多难走的路，只要你一步步地走下去，相信你一定会得到意外的惊喜。

3. 保持良好的心态

塞尔玛年轻的时候，曾经有一次跟随着她的丈夫驻扎在一个沙漠的陆军基地里。然而，部队刚驻扎下不久，塞尔玛的丈夫就被上级派到另外一个地方去学习了，塞尔玛不能跟丈夫一起前往，只好一个人待在部队中。

当时，正是夏天的时候，火辣辣的太阳把整片沙漠晒得滚烫，即便在仙人掌的阴影下，气温也达到了125华氏度。而塞尔玛却只有一个人，整天只能待在一座小铁皮房子里。更让塞尔玛难受的是，那里只有墨西哥人和印第安人，他们都不会说英语。由于语言不通，所以没有人能够与塞尔玛聊天。在孤独和寂寞中，塞尔玛精神快被摧垮了，于是她便给父母写了一封信，她在信中向父母诉说了自己目前的艰难处境，以及心中的孤独、寂寞和苦闷，并对父母说自己要丢开一切回家去。塞尔玛的父母收到信后，父亲马上就给她回了一封信，但信的内容却只有两行字："两个人从牢中的铁窗望出去，一个看到泥土，一个却看到星星。"

然而，父亲的这两行字，却完全改变了塞尔玛的生活，甚至改变了她的一生。塞尔玛反复地读着父亲的这封信，大受启发，终于决定要在沙漠中找到属于自己的"星星"。

于是，塞尔玛主动走出她的那座小铁皮房子，并开始走近当地的那些人，与他们聊天、交朋友，而当地人对塞尔玛也十分热情、友善。当塞尔玛表示自己对当地的纺织、陶器很感兴趣时，他们就把自己最喜欢的、平时舍不得卖掉的纺织品和陶器送给了塞尔玛。渐渐地，塞尔玛与当地人成了无话不说的好朋友。

此外，塞尔玛还开始研究起那些让她入迷的仙人掌和各种沙漠植物，还学习有关土拨鼠的知识。而且她在观看沙漠日落时，甚至还找到了海螺壳，要知道这些海螺壳是几万年前当这沙漠还是海洋时留下来的……这时，塞尔玛终于发现，这片原来令自己难以忍受的沙漠，竟然变成了让自己流连忘返的奇景。

塞尔玛为自己的这个发现而兴奋不已。不久之后，她写了一本书，书名就叫《快乐的城堡》。至此，塞尔玛终于真正看到属于自己的"星星"了，同时她也听到了来自自己内心深处的掌声。

到底是什么使塞尔玛对生活的看法有了这么大的转变呢？其实，沙漠没有改变，当地人也没有改变，只是塞尔玛的心改变了。正是这一念之差，使得塞尔玛把原先认为倒霉的遭遇变成了一生中最有意义的经历。

其实，生活是属于我们自己的，而职场不也是我们生活的一部分吗？既然这样，我们为何不对它报以微笑呢？只要我们愿意去努力，愿意去付出，那么一切都可以改变。

记得有这样一则小故事：

有三个建筑工人正在工地上砌一堵墙。

这时，有人过来问他们："你们在做什么呢？"

第一个人没好气地回答："你没长眼睛呀？在砌墙。"

第二个人抬头笑了笑，说："我们正在盖一幢高楼呢！"

第三个人一边干活一边哼着歌曲，脸上流露出灿烂的笑容，说："我们正在建设一个新的城市。"

十年后，曾经问话的那个人又经过一个工地，碰巧又遇见了十年前的那三个建筑工人。所不同的是，第一个人还是在工地上继续砌墙；第二个人坐正在办公室中设计图纸，他已经成为一名出色的工程师了；而第三个人呢，则在工地上悠闲地转着，因为他已经成为前两个人的老板。

读完这则小故事，不知道你是否能够从中受到一些启发呢？是的，你手头上的"小工作"其实正是"大事业"的开始，你能否意识到这一点，这将意味着你今后是否能够做出一番大的事业。

其实，心态就像是一块磁铁，不管我们的思想是正面的还是负面的，我们都会受到它的牵引。而我们的思想则像轮子一样，它会使我们朝着一个特定的方向前进。实际上，我们的生活并不是由生命中所发生的事决定的，而是由我们自己面对生命的态度，以及看待事情的态度来决定的。所以，虽然我们无法改变人生，但我们可以改变人生观；虽然我们无法改变环境，但我们可以改变心境；虽然我们无法让环境来适应自己，但我们可以调整自己的态度来适应环境。当我们做到这些之后，就一定会有所收获！

案例　美的集团董事长何享健：稳健才是长久的生存之道

何享健，1942 年出生于广东顺德。1968 年 5 月，他和 23 名居民集资 5000 元，创办了"北街办塑料生产组"；1980 年开始制造风扇，进入家电行业；1992 年毅然推动美的进行股份制改造；1993 年在深交所上市，成为中国第一家由乡镇企业改组而成的上市公司；2001 年完成了公司高层经理人股权收购，进一步完善现代企业制度；2010 年，美的集团销售收入超过 1000 亿元。

从当初以 5000 元起步的"北街办塑料生产组"，到现在年销售超过 1000 亿元的美的集团，何享健到底凭借着什么，从无到有，从小到大，把美的集团一步步带起来的呢？让我们先来看看风云变幻的中国家电市场的状况吧！

从 2003 年《中国企业家》杂志首次评选"影响力企业领袖排行榜"起，那些叱咤于风口浪尖上的家电巨子从来都是这个排行榜的常客。比如，张瑞敏、李东生、倪润峰、陶建幸、周厚健等，都曾经走马灯似的出现在这个舞台上。而 1968 年就开始创业，扎根于家电行业 27 年的何享健，可谓当今数一数二的驰骋商界时间最长的企业家之一，却迟迟未能上榜，这就不得不引起人们的疑惑了。既然有疑惑，当然就要试图去寻找其中的原因。

原来，何享健一直保持着低调的作风，他经常以自己普通话讲得不好为由，婉拒媒体的采访，并拒绝在公众场合发言。而何享健之所以保持着低调，并远离公众，主要源自于他所信奉的"少说、多做、悄悄干"原则。自 20 世纪 80 年代至今，美的集团的年增长率始终保持在 35% 以上。在股份制改造、A 股上市、MBO、引进战略投资者等一系列事关美的集团长远大计的关口上，何享健走得稳健、顺畅，让美的悄然过关。值得一提的是，当广东省的有关领导提出，由政府出面为美的的发展史著书立传时，仍然被何享健婉言谢绝了。

2008 年是中国改革开放三十年，而何享健的创业史已经整整四十年。四十年的时间，美的已经从当初生产塑料瓶盖的街道小工厂发展到年销售额接近 900 亿元的家电巨头。也是在 2008 年，有机构找到何享健，打算和美的联手收购美国的家电巨头 GE，但何享健却没有同意。理由是目前的中国企业还没有能力整合 GE 这样的企业，所以还是老老实实做贴牌比较现实。何享健一直认为，对于企业扩张，要始终坚持"不背包袱、不扛大旗、不要冒进"的原则，才能使企业获得健康的发展。

但是，低调的何享健在 2008 年却进行了两次重大的资本运作。年初，美的集团用 16.8 亿元收购了小天鹅，成为国内仅次于海尔的第二大滚筒洗衣机产能基地。7 月 2 日，美的又宣布牵手美国空调巨头开利，共同拓展海外市场。在收购兼并如家常便饭的家电行业，素来稳健经营的美的却在收购兼并上命中率极高，迄今十余起大手笔收购对象，无一不是业界称雄一方的诸侯——东芝万家乐、华凌、荣事达、小天鹅等。令人惊奇的是，这些当时濒临死亡的企业竟然依靠美的而全部起死回生，实现了双赢。

而何享健对自己的收购手笔十分得意，收购华凌让美的进入冰箱行业；并购荣事达则扩张了美的冰箱产能，同时切入了洗衣机业；收购小天鹅帮助美的确立洗衣机的行业地位；收购重庆美通让美的一举奠定国内中央空调行业的龙头地位。何享健把所有的收购兼并目标都锁定在白色家电业务，把规模做大，把产业做大，使区域布局更合理。何享健一直认定中国白色家电的市场需求很大，能做好白色家电就已经很不容易。"早些年，很多人动员我去搞黑电，搞手机，我从不动心。如果当初贸然进入彩电、手机业，我们现在肯定会失败。"何享健如是说。

改革开放三十多年，多少企业起起落落，但何享健却凭借着清晰的经营理念，"宁愿走慢一步两步，也绝不能走错半步"，不仅让美的集团一次次渡过难关，很好地生存下来，还走上了持续发展的道路。

第十章
把工作当事业来干

或许你正在抱怨，因为你觉得自己现在所从事的工作实在是太微不足道了。而且，由于职位太低，所以领导从来都没有过问你干得好不好！换句话，不管你干得好，还是干得不好，结果都是一个样。于是，你开始变得垂头丧气，开始混日子，当一天和尚撞一天钟。如果真是这样，那就危险了。要知道，工作也如逆水行舟，不进则退。所以，要及时改变你的工作态度，不管你认为这份工作有没有前途，也不管你认为这份工作是多么的不起眼，只要你把它当事业来干，那么你就会发现，有很多的机会在等着你！

成功的人，都有浩然的气概，他们都是大胆的、勇敢的。他们的字典里，是没有"惧怕"两个字的，他们自信自己的能力是能够干一切事业的，他们自认自己是个很有价值的人。

——戴尔·卡耐基

1. 千万不要浑水摸鱼

"浑水摸鱼"本来是"三十六计"中的一计，它的原意是，把水搅浑之后，趁着鱼儿被弄得晕头转向时，再到水中去摸鱼，就可以很轻易地捕获到大鱼。这一计如果运用在军事上，那就是在敌人内部发生混乱，或者直接用计挑起敌人的内部矛盾，然后乘机向敌人发起猛烈攻击，以获取胜利的果实。这一计在以往的军事行动中，可以说被那些军事家发挥得淋漓尽致，无往而不胜。但是，在今天的职场中，如果你还想运用这一计，那么你将永远也摸不到自己想要的那条"鱼"。

在今天的职场中，各种各样复杂的人际关系，以及很难杜绝的企业内部的派系纷争，实际上正是一汪深不见底而且无法清澈的浑水。而面对这样的一汪浑水，你又该何去何从呢？

小张大学毕业后，顺利地进入一家软件公司。由于小张是一个新手，所以公司便安排了研发组的李组长来带他。李组长本来是一位软件天才，在软件开发方面，很多技术问题都无法难倒他，所以他在公司里很有威望，经常受到同事的赞扬和得到领导的肯定，很快就被提拔为研发组的组长。然而，这个李组长当上了组长之后，并没有调整好自己的位置，使自己进入一个管理者的角色，而是把主要精力放在软件的开发上。本来公司只是让他捎带着小张，他却兴致勃勃地帮助小张设计方案，甚至直接帮小张完成整个开发的过程，他只是让小张坐在旁边看着他怎么做。刚开始时，小张还觉得有点不好意思，毕竟是自己的工作，怎么能让组长帮自己来完成呢？可是时间一长，小张就渐渐地安心了，而且觉得这样的日子真的十分惬意，每天上班时，趁着李组长忙着搞开发，他干脆在旁边玩起了电脑游戏。

很快三个月就过去了，由于李组长在管理上没有用心，导致研发组连续延误了开发任务，公司只好决定调离李组长。李组长一调离，小张就慌神了，因为这三个月来，小张的所有工作，基本上都是李组长"代劳",他自己则每天浑水摸鱼,所以他的技术和三个月前并没有什么两样。上级领导了解了这些情况之后,便毫不客气地将小张"请"出了公司。

或许有的朋友会说:"这个小张真是太冤枉、太倒霉了,这根本不关他的事,都是那个李组长惹的祸。公司的领导也太狠心了,应该再给小张一次机会!"其实,我们没有必要为小张喊冤,因为这样一个结果,实际上也是他自找的。当然,我们并不否认李组长对这件事所负的责任,但从客观的角度上来看,李组长其实也是一个任劳任怨的人,只可惜他的方法不对,没有顾全大局,最终导致顾此失彼。而小张作为一个新人,他本来应该多多向同事,尤其是向自己的组长请教,虽然他的工作都让李组长给包了,但只要他稍微有点责任心,或者稍微用点心,就会识破这个伪装成机会的"陷阱",他就不可能让自己安心地享受那份悠闲,更不可能在上班的时候玩起了游戏。

小张本来想趁着李组长不懂得管理,自己的部门处于混乱的状态下浑水摸鱼,享受着不劳而获的成果,结果不但没有摸到自己想要的那条鱼,反而将自己"摸"出了公司的大门之外,实在是可笑、可惜、可叹!

其实,儒家的思想早就已经告诉我们:"知止而后有定,定而后能静,静而后能安,安而后能虑,虑而后能得。"只有以满怀激情的状态去对待自己的工作,你才能有事可做,并做到力求完美,这样你才能得到应有的报酬和晋升的机会,并使自己的才能得到表现,经验得到积累,知识得到增长,品格得到锤炼,修养得到提升。而如果你抱着浑水摸鱼、投机取巧的态度去工作,那么任何企业都不会长期雇用你,而你可能永远只会过着今天刚找到工作明天又要失业的日子。可能是,一些企业会因为你而损失一点小财,但你却可能因此毁掉自己的一生。

2. 永远不要糊弄工作

"就这点工资,我凭什么给他好好干?"

"反正公司倒闭了,倒霉的只是老板,我还可以继续找其他的工作,我怕什么?"

"我怎么着也是堂堂的大学生,却让我干这些乱七八糟的杂事,这不是降低我的身份吗?"

......

如果你目前正抱着上述的态度去工作，那就请先来看下面的这则故事吧！

一家电视台同时招收了三名大学毕业生，她们分别是阿美、秀秀和刘涛，而且她们都被安排在台长办公室工作。

由于阿美和秀秀都是重点大学的高材生，而且还拥有高挑的身材和秀美的面容，所以获得台长的喜欢，一些体面的工作都交给她俩去办理。而刘涛由于只是大专学历，再加上长相一般，虽然她学的也是播音主持专业，而且是凭着自己优异的成绩和扎实的播音基础过关斩将进入这家电视台的，但并没有得到台长的赏识。所以她只被安排了一些倒茶、擦桌子、整理文件等杂事。遇到这种情况，一般的女孩或许会很伤心，并开始变得敏感而自卑，然后就是自暴自弃，然后开始糊弄工作，得过且过。然而，刘涛却没有这样做，她在工作的过程中，将自己直率、乐观的性格发挥到了极致，每天开心地上班、工作、下班。因为在她看来，拥有一份工作，已经是上天对她最大的奖赏了，她没有理由不好好地对待这份工作。

反观阿美和秀秀，虽然她们都被安排去办理一些很体面的工作，但她们却并不满足。因为在她们看来，凭着自己的长相和能力，完全可以直接去当主持人，而不是把她们安排在台长办公室里"打杂"，这对她们来说简直就是大材小用，浪费人才资源。带着这样一种心态去工作，她们的工作效率自然可想而知了，让她们外出做事时，不是丢三就是落四，回到办公室后，她们并不是进行检讨和总结，从中吸取教训，而是抱怨上级领导不应该安排她们去做这些事。然后在聊天、修指甲、补妆等活动中度过一天。

终于有一天，阿美和秀秀同时被"请"进了台长办公室，她们还以为台长终于给她们调动工作，将她们安排到更好的位置上了呢！然而，结果却出乎她们的意料，台长一脸严肃地对她们说："很抱歉，虽然我很喜欢你们，并对你们抱有很大的希望，但你们这段时间来的工作表现却让我知道，你们并不适合在我们这里工作，所以……"听完台长的话，阿美的秀秀在慌乱中带着哀求的语气说道："台长，请您再给我们一次机会吧！"台长毫不犹豫地回答道："我已经给了你们三个月的机会，是你们自己没有把握住。"

阿美和秀秀被"请"出电视台的大门之后，她们原来的工作便由那个始终默默无闻的刘涛来接替。原本是两个人的工作，现在由一个人来承担，其压力可想而知。然而，这个只有大专学历，进入电视台后只做一些杂事的刘涛，却出色地完成了领导交办的各项工作，偶尔出现差错，她也会认真地检讨和总结，避免下次犯同样的错误。一年之后，刘涛终于成为这家电视台的一名主持人。

看完这则故事，你会有什么想法呢？是的，刘涛和阿美、秀秀的差距是如此的悬殊，但结局却是如此的富有戏剧性。为什么？我们能说阿美和秀秀的出局仅仅是她们倒霉吗？能说刘涛的成功靠的仅仅是运气吗？

佛祖释迦牟尼曾经说过："我一时专注于一件事。当我用斋时，我会好好地用斋；当我睡觉时，我会好好地睡觉；当我谈话时，我会好好地谈话；当我坐禅时，我会入定。这就是我的实践。"这些简单得不能再简单的话语，蕴涵着多么深刻的哲理呀！可是又有多少人能够真正用心去领悟呢？其实，如果一个人能够明白自己为什么要工作，应该如何去对待工作，他就不会为做什么工作、得到什么样的报酬而烦恼；如果一个人能够明白工作是一个关乎生命的意义，是生命中最重要的一种活动，他自然就会认真地去对待自己所从事的任何一份工作。

实际上，一个人对待工作的态度，恰恰反映了他的人品和志向。他今后能够走得多远、飞得多高，均取决于他对待工作的态度。所以，或许你现在从事的工作并不是自己所喜欢的，但如果你认为这份工作是你应该做，而且必须做的，那就好好地去做吧！因为很多事我们根本不需要问喜欢不喜欢，只需要问应该不应该就可以了！既然是应该的，那么你就没有任何理由去糊弄它，当然更没有理由去糊弄你的上级和老板。因为糊弄工作、糊弄老板，本身就是糊弄你自己！

3. 认真最重要

他是一个送快递的小伙子，才 20 岁出头，其貌不扬，戴着厚厚的眼镜，而且还穿着西装，打着领带，皮鞋也擦得很亮，一看就知道是刚做这行不久。说话时，脸会微微地红，有些羞涩，不像他的那些同行，穿着休闲装平底鞋，方便楼上楼下地跑，而且个个能说会道……

他第一次到写字楼去给客户送名片时，也只说了几句话，说自己是哪家公司的，然后认真地用双手放下名片就走了。皮鞋踩在楼道的地板上发出清脆的响声。很多客户看到他那样子，不禁笑了："这个傻小子，穿皮鞋送快件，他也不怕累。"

很快，就开始有客户给他打电话去取件了。他还是穿着衬衣，打着领带，皮鞋仍然擦得很亮，说话还是有些紧张。而且，每次填完单子之后，他都会慎重地看了好几遍，然后才收费找零，并把零钱谨慎地用双手递过去，好像完成一个很庄重的交接仪式。

每次给客户送快件时，他也是格外认真，一定要确认签收人的身份，然后等着接收人把快件打开，看其中的物品是否有误，然后才离开。所以，他每接送一个快件，所花的时间比他的同行要多一些。

由于他做得很认真，让客户感觉把快件交给他这样的人很放心，所以渐渐的打电话找他的人也越来越多了。

频繁的接触，使客户对他慢慢熟悉起来，并把他当做自己的朋友，所以偶尔也会跟他开玩笑："你怎么老是穿得这么正规呀？一点也不像送快递的，倒像卖保险的。"

他却认真地回答："卖保险都穿得那么认真，送快递的怎么就不能？我们当初培训时，领导也说了，去见客户一定要衣衫整洁，这是对客户最起码的尊重，也是对我们职业的尊重。"

客户又继续打趣他："对领导的话你就这么认真听呀？"

"当然啦，领导的话怎么能不认真听呢？"他丝毫不介意客户的调侃，依旧认真地解释。

看着他那认真的样子，客户又笑了！在客户们看来，他大概是这个行业里最听话的员工吧！这么简单的工作，他却做得比别人要辛苦很多，可这样的辛苦，最后能得到什么呢？因为在他们看来，干这一行，想发展太不容易了。

果然，他的快递生涯一干就是两年。

而在这两年的时间里，他除了换了一副眼镜，衣着和言行基本上没有变化。工作态度依旧认真，也从来没有听到他有任何的抱怨。

有一天，一位客户打电话让他去取东西。当他看完客户填的单子时，冷不丁地说："啊，是我以前念书的学校。"他的声音很大，把那位客户也吓了一跳，不由抬起头来，有些吃惊地看着他："你也在那里读过吗?"

他有些兴奋地说:"嗯!是啊是啊,我是学财会的,2004 年刚毕业。"

天呀!这个其貌不扬的傻小子,竟然是个正规学校的大专生。于是,那位客户不禁好奇地问:"你既有学历,又有专业特长,怎么不找其他的工作呢?"

面对这样的询问,他有些不好意思,说:"当时刚从学校出来的时候,我也觉得工作应该很好找,但找了几个月之后才发现,找到一份适合的工作太难了。我家在农村,家里条件不好,家里供我念完书就不错了,哪能再跟他们要钱呢?当时正好看到快递公司招快递员,我就去了。干着干着觉得也挺好的……"

"那你当初学的知识不都浪费了吗?"客户还是替他惋惜。

"不会啊!送快递也需要有好的统筹才能提高效率,比如把客户根据不同的地域、不同的业务类型明细分类,业务多的客户一般送什么、送到哪里,私人的如何送……通常看到客户电话,就知道他的具体位置、大概送什么、需要带多大的箱子……"他微笑着回答,"知识哪有白学的呢?"

这一次,客户不得不对他另眼相看了,因为他没想到,这个傻小子竟然这么有心,而他的话,更是蕴涵着深刻的哲理。

然而,不久之后,当客户再给他打电话,让他去取快件时,却发现来的不是他,而是另外一个更年轻的男孩,男孩一进门就解释说:"我是快递公司的,我们经理让我来取快件。"

客户先是愣了一下,然后才明白过来,原来他当上经理了!

这个故事告诉我们,在人的一生中,不可能事事顺利,而那些看似浪费时间的经历,其实就是最宝贵的财富。同时也让我们明白,认真其实是一种力量,这种力量可以滴水穿石,可以超越成败。所以,不管多难走的路,只要我们一步步地走下去,相信一定会得到意外的惊喜。

4. 用上司的标准来要求自己

你怎样要求自己往往就决定了你能够成为怎样的人。如果你只是用被管理者的标准去要求自己,那么你始终都是一个被动的无法取得大成就的员工；如果你用管理者的标准去要求自己，那么不管在哪里工作，你都会成为佼佼者。

管理大师彼得·德鲁克认为，任何一名员工都应该是一名管理者，都应该学会自我管理，并找到自己的绩效和企业贡献之间的联系，这样才能在为企业贡献智慧和力量的时候，发挥出更大的作用。因此，作为一名下属或是员工，你在职场中所扮演的角色并不只是一名被管理者，你更应该成为一名有"心计"的自我管理者。

有一天，一个制造工厂的总裁决定去基层看看，视察他的工厂运行得怎样。正当他在车间四处走动之际，碰上了一个名叫赫德的设备操作员，看上去赫德似乎正无事可做。于是总裁便走过去问赫德发生了什么事，赫德解释说："我正在等一个技术员来校准设备。"赫德边解释，边不失时机地向总裁抱怨那位技术员速度很慢，而自己也已经等了很长时间，电话都打了好几次，可直到现在还不见人来。

总裁问道："赫德，请你告诉我，这台设备你用了多长时间了？"赫德自豪地说："先生，我想大概有20多年了吧。"总裁听后诧异地说："赫德，你不是想告诉我，你用了20几年还不知道如何校准这台设备吧？这实在是让人太难以置信了。要知道，你可能是我们这里最好的机械师。"

赫德得意地说："先生，其实我闭上眼睛都能校准这个设备。但是你也知道，校准设备并不是我的工作。而且我的工作描述上说的是，期望我使用这台设备，并将校准方面的问题都报告给技术员，我却不必修理设备。"

总裁听得目瞪口呆，再也忍不住了，于是请这位设备操作员到办公室，并请他拿出了自己的工作描述。他认真对赫德说："我要告诉你，赫德，我们将为你写一份更有意义的全新的工作描述。"说完，总裁将那份工作描述撕得粉碎，并快速在一张新表上写了几个字，然后递给赫德。赫德一看，他新的工作描述上只有一句话："用你的脑子。"

在工作当中，你也像赫德这样被动等待，等着老板告诉你要用脑子做事吗？这样做只会使你的工作变得被动，工作效率变低，也会让你的上司觉得不快。聪明的你，现在要做的就是开动你的脑子，然后拿出具体的解决方案，让自己能成为一名优秀的自我管理者。

有的人认为只有那些被企业赋予了职权的管理者才拥有权力，而作为一名员工，只能是被领导、被管理和被考核的。但事实上，无论你身在什么职位，决定你命运和前途的都是你自己。史蒂芬·柯维在其著作《高效能人士的七个习惯》中说："在这个世界上，当你能决定你做事方式的时候，你就拥有了权力。"

作为一名员工，你不能认为只有晋升到一定的职位才能成为管理者，才能获得权力，也不要期望你的上司能给你特别的授权，让你一夜之间成为拥有权力的管理者。你现在要做的，是做好本职的工作，以当前正在做的工作为核心，不断地深入和提升，以增加自己的专业影响力，丰富自己的工作内容，并开拓自己的职责范围。这样，就能渐渐获得上司和同事的认可，在自己的工作领域有一定权威，并形成一定的影响力，而你也将成为更好的自我管理者，得到更多的认可和提升的机会。

其实，真正了解你的工作进展情况和业绩状况的不是上司，而恰恰是你自己，因此，你完全可以决定自己的绩效，成为自己的主人。而你的上司，只是你业绩水平的评估者，并不是决定者。所以，当你看到了问题的存在，并有能力去解决它时，一定要说出来，更要付诸行动。否则，就会被上司看成不动脑子、不积极的表现。就像上述案例中的赫德，也许正是因为这个因素限制了他，使得他操作了 20 多年的设备，到最后仍然没得到晋升，依旧在日复一日地操作他的设备。

所以，只有用上司的标准来要求自己，你才能从被管理者逐渐成长为管理者，在为企业作贡献的同时，也让自己获得更好的发展。

案例　联想集团 CEO 杨元庆的职场之路

在联想集团 2000 年誓师大会上，柳传志将深蓝色的联想旗帜正式授给了杨元庆。至此，这位曾经缔造了联想传奇的第一代导演正式谢幕，而年轻的杨元庆则开始登上联想的历史舞台。对于杨元庆来说，这一次是他事业中一次重大的变化；而对于联想而言，这一次变化是决定联想命运的第三次战略选择中一个必然结果：由于在"柳传志时代"开拓 PC 业务，力挽狂澜拯救联想于危难之中的杨元庆，从此将正式从幕后走到了台前，开创一个新的联想时代。

初出茅庐

1988 年，24 岁的杨元庆在中国科学院自动化研究所一边写他的毕业论文，一边构思他的未来。当时，他为自己确定的人生目标是，到美国去拿一个博士学位，然后到鼎鼎大名的硅谷找一份工作。他的好多同学都在美国的硅谷扎下了根，这让他非常羡慕。"80 年代末期，一个名牌大学的理工生如果选择待在国内，那会被认为是没有出息的。"杨元庆后来回忆说，"交大有三分之二的同学在国外，硅谷的同学比北京多得多；科大更不用说，还没毕业，教室里就人去楼空。"他相信，从自动化研究所到美国硅谷的距离并不远，坐飞机也就是十几个小时而已。然而，当务之急是先找到一份工作，一方面自己还需要实践经验，还需要历练；另一方面要挣钱吃饱肚子，留学需要资金，自己的专业特别是英语还需要加强。总而言之，他需要寻找一块跳板。于是，他首先想到了中关村，在 1988 年，中关村已经被确定为高科技园区，被称为中国的硅谷。

确定在国内找工作后，杨元庆首先想到的单位是联想公司，而此时联想又正在招聘。于是，杨元庆便根据招聘启事上公布的地址，找到了联想公司的办公楼。在二楼的一个办公室里，主考官对他进行了面试，虽然他的口才并不很好，但他的回答还是让主考官比较满意。当他知道自己已被录取时，心里很高兴，但也不是那种狂喜，因为当时像他这样的高层次高科技人才还比较少，而且他只将联想公司作为出国的跳板。后来，杨元庆才知道，联想公司的那一次面试，从来自全国的 500 个应聘者中公开招聘了 58 名员工，自己只是其中之一。

一鸣惊人

杨元庆进入联想公司后，整整三年的时间都默默无闻。因为他进入联想后的第一份工作，就让他尝到了失败的滋味。当时，他为公司起草的一份代理 IBM PC 的投标书报价比别人的高了一倍，生意自然泡汤。这让他体会到了"价格的力量"。

三年后，杨元庆等到了一个机会。1992 年 4 月 20 日，柳传志宣布任命杨元庆为公司 CAD 部（计算机辅助设备部）总经理。这个机会让他一鸣惊人，联想 CAD 部代理销售的是惠普公司的绘图仪。当时，惠普第一个在计算机领域把"分销"的概念带给了中国的商家。杨元庆第一次接触到这一概念并迅速被迷住了。随后，杨元庆带领着一小队人马来到中关村十字路口，朝着东南西北四个方向，说声"一、二、三"，然后分头奔向各自的目标，看见一家卖电脑的商店，就赶紧递上联想的名片，告诉人家自己手上有多好的东西，然后解释什么叫"代理"。当年，联想 CAD 部销售业绩增加了一倍。两年后，杨元庆离开 CAD 部时，CAD 的销售额已经从当初的 3000 万元增加到了 3 亿元。

学会妥协

1994 年 3 月 19 日，30 岁的杨元庆被任命为电脑事业部总经理，在很短的时间之内，杨元庆重组电脑事业部，电脑的销量大幅度提升。柳传志对于杨元庆的表现很满意，但杨元庆却不懂得妥协，经常与公司中的"前辈"们发生冲突，这就逐渐影响到公司上下对他的评价。于是，夹在杨元庆及"前辈"们中间的柳传志，决定让杨元庆学会妥协。

1996 年初的一个晚上，杨元庆和属下的高级经理奉命来到公司 505 会议室———联想的很多决定都是在这个房间作出的。正谈笑间，大门洞开，柳传志走进来，坐在杨元庆对面，没有一句寒暄，劈头盖脸便把一通斥责泼向杨元庆："不要以为你得到的一切都是理所应当的，你这个舞台是我们顶着巨大的压力给你搭起来的……你不能一股劲只顾往前冲，什么事都来找我柳传志讲公不公平。你不妥协，要我如何做？"听完柳传志的训斥，杨元庆本来还想说点什么，但刚说一句便当着众人失声痛哭起来……那一夜，杨元庆彻夜未眠。

第二天，杨元庆桌上放了一封柳传志的信，在信中，柳传志除了坦诚地描述了自己对杨元庆的看法外，还表示将以"未来核心领导人"的标准来要求杨元庆。看完信后，杨元庆才真正明白柳传志的良苦用心。

2004 年，杨元庆曾说过这样的话："如果当初只有我那种年轻气盛的做法，而没有柳总的那种妥协，联想可能就没有今天了。"

老师的评价

2003 年 12 月 18 日，联想在香港举行隆重的圣诞晚宴，在宴会上，面对近千名中外来宾，联想的创始人柳传志登台演讲，声如洪钟，情满香江。他的神态就像旧式的老东家，一脸的真诚，一脸的感激。他的讲话除了例行地感谢来宾外，还有一席对杨元庆的评价，让在场所有的人都受到了感动。他说："在我的心中，胡锦涛、温家宝受到尊敬，杨元庆同样受到尊敬，因为他们都是敢于高举大旗、迎接困难、不屈不挠、奋勇向前的人。我是喜欢迎接困难的人，一遇到挑战就兴奋，杨元庆更甚于我。杨元庆正在领导联想集团的管理层认真分析形势，反复研讨制订中期发展战略。看着他们饱含激情的工作，我对我的这些年轻同事充满了尊敬。我们交给他们的只是一个事业的开头，他们接过的却是更多的困难。"

靠着自身的不懈努力，从无到有、从小到大，仅用十几年的时间就把联想做成当今中国 IT 龙头企业的柳传志，无疑是中国 IT 界当之无愧的教父，但他竟把自己的员工和国家主要领导人相提并论，由此我们便不难看出柳传志对杨元庆的器重程度了！

第十一章
不创新，毋宁死

《易经》有云："穷则变，变则通，通则久。"说的就是创新的作用，不管做什么事，只有懂得创新，学会创新，才能出奇制胜，使自己立于不败之地。那么，什么才是创新呢？第一，创新意味着改变，意味着要推陈出新，所以一定要懂得一个"变"字；第二，创新要勇于尝试，因为惯性的作用，很多人习惯于墨守成规，不想再有任何的改变，但环境又迫使你必须改变，这时就需要你必须打破思维定势，尝试着去改变；第三，创新意味着要冒一定的风险，所以要敢于将自己置于死地，敢于将自己逼到绝路上去。

人才进行工作，而天才则进行创造。

——舒曼

1. 打破思维定势

　　有一家著名的大企业，要招一名营销人员，由于该公司给出的待遇十分优厚，所以前来应聘的人，可以说是不计其数。在经过了几轮的筛选与淘汰之后，公司负责人最后挑出三个人，然后交给他们一道具有实践性的考题——把梳子拿到寺庙去卖给和尚们。交代完之后，负责人又对那三个人说："以十天为限，到时候你们再将自己的销售成果汇报给我，谁卖得最多我们就录用谁。"

　　十天的期限很快就到了，那三个人也如期来到了公司，向负责人汇报自己的销售成果。负责人问第一个人："你卖出去多少把梳子？"第一个人回答："就卖出去一把。"负责人又问："那一把梳子是怎么卖出去的呢？"第一个人叹了口气说："唉，我是历尽了千辛万苦，还受尽那些和尚的斥责，每次都是还没等我把话说完，就被他们给赶下山来了。好在最后一次被赶下山的时候，我在途中正好碰上一小和尚，正在挠着他那又脏又臭的头皮，于是我灵机一动，将梳子给那个小和尚递过去，小和尚试用了一下，满心欢喜，于是就将那把梳子买下了。"

　　负责人又问第二个人："你呢？卖出去多少把梳子？"第二个人有些得意的回答："我一共卖给和尚们十把梳子。"负责人接着问："你是怎么卖出去的呢？"第二个人回答说："我到一座寺庙后，发现很多香客上山时，头发都被风吹乱了，于是就给寺庙的主持提了一个建议，在每个香案上都放一把梳子，以便于香客们使用。那位主持觉得很有道理，就买下了十把梳子。"

　　负责人接着又问第三个人："你卖出去多少把？"第三个人回答道："我卖出去一千把。"负责人一听，心中暗喜，但还是不动声色地继续问道："你是怎么将这么多的梳子卖出去的呢？"第三个人回答说："我到了一座香火很旺的寺庙，建议那里的主持在每把梳子上刻上'积善梳'三个字，然后送给香客作为纪念品。主持觉得我说的很有道理，就买下了一千把。"

刚开始读这个故事的时候，或许你会认为这家公司的负责人在跟那三个应聘者开玩笑，或者是故意给他们找麻烦。因为谁都知道，和尚没有头发，根本不用梳子，这是谁也无法改变的事实。但随着故事的发展，我们终于发现，原来这个所谓的"不用"，不但可以"用"，而且是"大用"。所以，不管碰到什么事，只要我们敢于挑战，敢于打破思维定势，我们就会发现，办法总比问题多。

很久以前，一位国王经常在宫中的花园里散步。有一天，国王又来到御花园中，在一个大水池旁站了一会儿，忽然心血来潮，问身边的大臣们："你们知不知道，这水池里一共有多少桶水？"众位大臣一听，顿时面面相觑，因为他们谁也没有专门量过，又怎么会知道这到底有多少桶水呢？

国王见大臣们都答不上来，于是降旨："给你们三天的时间好好想想，三天后谁能够回答上来，就重赏谁；如果都回答不上来，那就等着受重罚吧！"

转眼间，三天的期限到了，但大臣们仍然一筹莫展。就在国王正在为这些无用的大臣生闷气，想着该怎样惩罚他们时，有一个小孩突然大摇大摆地走上宫殿，并告诉国王自己知道御花园中的那个池塘里到底有多少桶水。国王一听，马上就高兴起来，于是赶紧命令那些早就吓得魂飞魄散的大臣带着那个小孩去看看那个水池。小孩却微笑着说："不用看了，因为这个问题实在是太容易了！"国王以为那个小孩在吹牛，但转念一想，量他有再大的胆子也不敢犯欺君之罪，于是就说："那好吧，你就说说看，这个水池里究竟有多少桶水？"小孩眨了眨眼，说："这要看是多大的水桶了。如果那只桶和水池一样大，那么水池里就只有一桶水；如果那只桶有水池的一半大，那么池里就有两桶水；如果那只桶有水池的三分之一大，那么池里就有三桶水；如果……""好了，不用再说了，你的答案完全正确！"最后，国王高兴地重赏了那个小孩。

为什么那些大臣无法解开国王的问题呢？那是因为他们完全掉进了常规思维的陷阱当中，结果被思维定势所困，无法使自己的思想解脱出来，当然也就找不到问题的答案了。而那个小孩由于没有受到那种常规思维的限制，所以他很轻松地就抛开了池塘里的水到底有多少，然后再从桶的角度来思考问题，结果一下子就找到了问题的答案。

可见，当我们遇到常规的问题时，用常规的思维方式去寻找问题的答案当然是没有错的。但是，如果遇到了非常规的问题，你还用常规的思维去解决问题，那样往往就是缘木求鱼了。所以，有时候我们需要跳出那些固定的思维定势，才能够避免掉入一些陷阱之中。实际上，很多看似无法解决的问题，只要我们换一种思维或者换一个角度，那些问题自然就会迎刃而解了。

2. 创意没有想象的那么难

她是一个孤儿，从小就失去了父母，是由外婆把她带大的。结婚后，她的丈夫对她关怀备至，体贴入微。后来，她又生了一个聪明可爱的儿子。渐渐的，她终于从童年时不幸的阴影中走了出来，成为一位合格的贤妻良母，在家里专心相夫教子。

然而，就在她为自己拥有如此幸福的生活而感到庆幸时，命运又跟她开了一个残酷的玩笑——丈夫在一场车祸中永远地离开了她。一下子她就成为了没有经济来源的单身母亲。她不想一辈子只靠救济金生活，于是她决定重返大学校园，因为她觉得，只有拿到了学位，才能找到更好的工作，拥有更多的收入，才能顺利地将儿子抚养大。然而，她很快发现，这是一条异常艰辛的路。付账单、照顾儿子、兼职、上课、考试……这么多的事情需要去应付，可是她却只能靠自己孤单单的一个人。

一天晚上，对着学校的催款书，她最后的那道防线终于崩溃了，眼泪不争气地涌出来。

儿子看见妈妈哭了，放下手中的玩具，跑过来抱着妈妈，脸上露出了关心与焦急。

"没关系，可能是妈妈太孤单了。"她搂着儿子语无伦次地解释，"这么多的事情需要去做，却没有帮手……做单亲妈妈真的好累。"

听了妈妈的话，儿子抬起头来，用他那双明亮的大眼睛看着妈妈，说："妈妈，你知道吗？当初上帝也是一个人造了亚当和夏娃，他跟你一样，也是一位单亲家长呀！"

儿子的话，像闪电一样击中了她的心，使她立即振奋起来。

"宝贝，你说得太好了。"她紧紧地抱着儿子，"妈妈要把你刚才说的这句话告诉所有人。"

第二天，她便借钱买了 100 只咖啡杯，然后在杯身印上儿子说的那句话——上帝也是单亲家长。接下来，她又在网上打出广告，结果她的那些咖啡杯很快就被一抢而空。更预料不到的是，有个单亲家庭协会还给她打来电话，预订了 1000 只咖啡杯！

从此，不管在生活上遇到什么样的困难，在人生的路上碰到多大的打击，只要一看到自己案头上的那只咖啡杯，她立即就会信心百倍，然后微笑着对自己说："没什么可怕的，上帝也是单亲家长……"

在当今的社会中，每个人都要面对着滚滚红尘和物欲横流，所以每个人都要面临着太多太多的压力。这些压力有的来自学业，有的来自生活，有的来自工作，有的来自家庭……而在这些压力面前，我们该如何去应对呢？是消极地退避还是迎难而上？是疲于奔命还是举重若轻？这取决于我们自己。

其实，很多事，不管在世俗的眼光看来是多么的复杂，只要我们把它看得简单一些，那么它也就真的简单了；不管它是多么的沉重，只要我们把它看得轻松一样，那么我们就完全可以做到举重若轻。难道不是吗？在信仰者看来，上帝应该是无所不能的，他甚至可以满足人们所有的祷告；他什么也不缺，因为他拥有了世间上所有的一切，甚至这个世间所没有的东西，他也能够拥有。但是，在孩子眼里，上帝也只不过是一位单亲家长。既然连上帝也是单亲家长，那么我们还有什么可怕的呢？

3. 勇于尝试

1987 年，美国弗吉尼亚州的两个邮递员汤姆·科尔曼和比尔·施洛特无意中看到一个小孩手里拿着一种发绿色亮光的荧光棒，便寻思：这玩意能派什么用场呢？

这两个人开始胡思乱想，随后决定把棒棒糖放在荧光棒的顶端，这样呢，光线就会穿过半透明的糖果，显现出一种奇幻的效果，而夜间则更加明显。主意一定，这哥俩就把他们的发光棒棒糖专利卖给了美国开普糖果公司。

这个发光棒棒糖才是奇迹的小开端，两个邮递员继续往下想：棒棒糖舔起来很费劲，起码对小孩子来说，时间久了，糖还没吃完，小腮帮一定会很酸。那么，主意又来了，棒棒糖能不能带一个能自动旋转的插架？由电池驱动小电机，通过小齿轮带动糖果的转动，这样腮帮不就不酸了吗？而且还比较好玩！

结果旋转棒棒糖获得了巨大的成功！在接下来的6年里，通过超市以及自动售货机，这种小东西一共卖出了6000万个！这哥俩也得到了丰厚的回报（每个售价2.99美元）。

更大的奇迹还在后面，开普糖果公司的领导人约翰·奥舍在另外一家公司收购了开普后就离开了该公司，他开始寻找利用旋转电机能解决的新问题。在他组织了自己的团队后，美国《商业周刊》杂志这样阐述了点子产生的过程："他们忘了是谁先想起来的这个点子，但是他们知道，是他们一起经过当地沃尔玛超市内的商品货架时想起的，而他们也正是到那里去寻找灵感的。当时他们看到了电动牙刷，有许多牌子，但价格都高达50多美元，因此销售量很小，于是他们推想，为什么不用旋转棒棒糖的技术，花5美元来制造一支电动牙刷呢？"

随后的结果就是，美国日用品市场上最畅销的旋转牙刷诞生了，它甚至要比传统牙刷好卖，仅仅在2000年的一年里，奥舍团队的公司就卖出了1000万支这样的牙刷，这下宝洁公司的老板坐不住了——他们的电动牙刷卖得太贵了，和奥舍的5美元牙刷相比，几乎没有竞争力！于是宝洁派出了一个高级经理来同奥舍谈判，经过短时间的讨价还价，2001年元月，宝洁决定收购这家小公司，具体的价码如下：由宝洁首付预付款1.65亿美元，以奥舍为首的3个创始人在未来的3年内继续留在宝洁公司。

但宝洁公司提前21个月结束了它和奥舍3人的合同，因为发现电动牙刷太好卖了，远远超出了他们的预期。这种产品通过沃尔玛，在全球35个国家销售，成为席卷全球市场最快的一款产品，这就意味着宝洁在合同期满后付给奥舍3人的钱也要远远超出预期。

最后奥舍和他的两位拍档一次性拿到了3.1亿美元，加上原来1.65亿美元的预付款共4.75亿美元，这是一个令发明者目瞪口呆的天文数字。

我们从小就不断地接受这样的教育，不管做什么事都要讲究方法，只有方法对了，才能够获得成功。的确，很多方法确实可以让我们取得事半功倍的效果。但是，方法真的就这么重要吗？如果找不到好的方法，你是不是就不敢前进了呢？其实，所有的方法，并没有我们想象的那样重要，只要你敢于挑战，敢于创新，那么你在前进的过程中，自然就会不断地摸索出属于自己的方法。

此外，我们平常所说的经验，固然也很重要，但在某种情况下，经验却往往会把我们的思维给束缚住，让我们无法继续创新，无法去应对新的挑战。所以，在社会变化日新月异的今天，要想使自己永远立于不败之地，就要不断地创新。而要进行创新，就需要我们不断地忘掉那些所谓的经验！

案例 "教父级 CEO"任正非的别样思考

回顾华为的发展历程，它能够从一个只有 2 万元起步资金的小作坊发展成为今天世人公认的世界级通信设备制造企业，其中固然有很多的因素。但从现实的角度来看，华为在成长过程中的每一个脚印，在发展过程中的每一个阶段，都离不开创新的巨大推动力，而任正非就是其背后那个不可或缺的坚决的推动者。

任正非总是在人们都为已经取得的成就沾沾自喜之时，不停地叩问着诸如此类的问题：在这种激烈竞争的外部环境下，华为如何提升自己的核心竞争力，使自己可以持续生存下去呢？

这种忧患意识最终转化成为渴望企业不断扩张壮大的迫切感，并一次又一次促使任正非作出了超乎常人想象的决策：

1992 年，任正非将代理业务所得的利润全部投入到 C&C08 机的研制中，即后来人们所说的"将所有的鸡蛋放在一个篮子里"。

1994 年，华为在北京筹建北京研究所，从 1995 年到 1997 年，北京研究所都处于漫长的积累期，没出什么重大的研究成果，但是任正非一直给予大力支持。

1996 年，华为在国内市场开发正处于方兴未艾之时，任正非作出了出击海外的决定。此后，众多华为员工离别故土，远离亲情，奔赴海外。

1997 年，任正非开始推行管理与业务流程改革，如与英国国家职业资格委员会（NVQ）合作引进任职资格制度，与美国 IBM 公司合作，实施业务流程改革。

1998 年，《华为基本法》正式出台，这也是华为成立十年后第一次对创业的成功因素进行梳理。《华为基本法》的面世，标志着华为与国内其他民营企业拉开了很大的差距。

1999 年，在任正非的大力推动下，华为加大了与美国 IBM 公司的合作力度，实施供应链变革。

2000 年，任正非发起了内部创业运动，并在这一年提出了"冬天必将来临"的观点，要求华为内部做好迎接冬天的准备。

在实施新的决策过程中并不是没有风险的，但是任正非认为：有创新就有风险，但决不能因为有风险，就不敢创新。回想起来，若不冒险，跟在别人后面，长期处于二三流，我们将无法与跨国公司竞争，也无法获得活下去的权利。若因循守旧，也不会取得这么快的发展速度。

二十多年来，任正非一直在思考着"如何批判地继承传统，又如何在创新的同时，承前启后，继往开来"，这一点恰恰也是当前许多立志于改革的国内企业应该学习的。

那么，从任正非的成长过程，看看我们会从中得到哪些启示：

出身贫寒不是错

1944 年，在贵州安顺地区镇宁县一个贫困山区的小村庄，一个小男婴呱呱坠地了，这个小男婴就是任正非。虽然任正非的父母都是知识分子，但由于处在偏远地区，因此，当时周围的人或许根本就不敢想象，这个小男婴日后会成长为叱咤中国商界的企业家。但是，即便如此，典型的家庭背景似乎已经为任正非日后的发展明确了方向，那就是"学而优则仕"。因此，即使在"三年自然灾害"的极度困难时期，父母仍然坚持让任正非读书。

任正非的家里兄妹共有 7 个，他是老大，加上父母，家里总共有 9 口人，而全家人的生活全靠父母微薄的工资维持。为了保证全家人都能活下来，父母只好实行严格的分饭制度。任正非上高中时，经常饿得心慌，实在太饿了就用米糠充饥。三年的高中生活，任正非最大的奢望就是能够吃上一个白面馒头！可想而知，任正非的童年和少年时代是在怎样的贫困中度过的。然而，正是生活的艰辛和心灵所承受的磨难，成就了任正非隐忍与坚定的性格。多年以后，功成名就的任正非每每回忆起那段生活经历，都充满了感慨："我能真正理解活下去这句话的含义！"

进入部队服役

19 岁时，任正非带着父母的厚望考上了重庆建筑工程学院（现已并入重庆大学），开始了他梦寐以求的大学生活。在大学里，任正非专心埋头于书本中，除了学好本专业，他还自学了电子计算机、数字技术、自动控制、逻辑、哲学等。而任正非所掌握的这些知识，很快就在他进入部队之后落实到技术钻研上。当时，贵州安顺地区有一个飞机制造厂，那是家军工企业，身为通信兵的任正非被抽调过去，参与一项代号为 011 的军事通信系统工程。由于任正非的基础很好，而且又好学上进，所以很快就有了多项技术发明创造，并两次填补了国家空白。由于任正非在技术方面有多次贡献，年仅 33 岁的他被选为军方代表，到北京参加全国科学大会。

转业后被迫创业

1978 年，已经成为团级干部的任正非从部队转业到地方，来到深圳南油集团任职。然而，转业之后的任正非，不管是在家庭还是在事业上都开始出现了问题。由于他的妻子先他转业，当时已经高居南油集团的高管层，而他则在南油下属的一家亏损企业中，再加上运营连连失利，两个人的差距很快就拉开了。而任正非又偏偏是一个孝子，非要把父母与弟妹接过来一起居住。结果导致家庭矛盾升级，这个家庭也很快就解体了。

为了活下去，时年已经 43 岁的任正非只好选择自己创业。刚开始的两年时间里，主要代销香港的一种 HAX 交换机，靠打价格差获利。当时，代销是一种既无风险又能获利的方式，所以经过两年的艰苦创业后，任正非就赚了一些钱。但他并没有用赚来的这些钱来改善生活，而是继续扩大经营。当时，任正非与父母等一起住在深圳一间十几平方米的小屋里，在阳台上做饭。为了节省生活费用，父母通常在市场收档时去捡菜叶或买死鱼、死虾。这让任正非生出一个很强烈而且坚定的信念——一定要让华为活下去。

神奇并低调着

在营销方式上，任正非的做法很是令人感到奇特。他几乎从来不做广告，对现代企业最重视的公关传播更是不屑一顾，他本人也几乎没有接受过媒体的采访。因为在历经过人生的冷暖之后，任正非已经学会了避开喧闹，学会了静观。不管是看人、看物，还是看事，他都有了别样的视角。而且他深知，许多公司之所以垮下去，不是因为没有机会，而是因为机会太多、选择太多，尤其是那些伪装成机会的陷阱，更使许多公司步入误区而不能自拔。他更明白，机会虽然是炙手可热的战略资源，但并不是所有的战略资源都可以开发成战略产业。有些战略资源能够形成战略产业，有些战略资源则只能为资本运作和战略结盟提供题材和想象空间，却不适于作为一种战略产业来经营。而对于这些逻辑关系，只有那些特别冷静的战略制定者，才不会被冲动和狂热牵着鼻子走，才能一眼看穿那些伪装成机会的陷阱，并巧妙地避开。而任正非恰恰就是这样的智者。

其实，不管是在成功之前，还是成功之后，任正非的低调都是一以贯之的。一般情况下，工商联副主席和全国性大会代表的头衔是很多商人趋之若鹜的，但任正非却都婉拒了；而对于很多企业家花巨资才可以现身的媒体盛事，他更是一概谢绝。2004年，中央电视台的年度十大经济人物已经内定了任正非。但是，当任正非知道这个消息之后竟勃然大怒，专门派了一个华为高层去中央电视台公关，坚决要把自己撤下来。

然而，任正非虽然极力避开喧嚣，远离闹市，却掌握了驾驭媒体的艺术——他常常根据情势的发展，不时抛出凝聚着深刻洞见和教益的文章，说公司、谈战略、话做人，从而把引导公众与教育员工巧妙地结合在一起。既能与一线的员工保持共鸣，又能被广大公众所接受，真可谓大巧若拙，攻藏兼备！

不创新才是最大的风险

任正非是一个忧患意识很强的人，尤其是他的名篇《华为的冬天》，更是被许多企业（尤其是IT界）作为企业危机管理的范本。而任正非更像是工作在地下的人，一直在挖掘和开采地下的世界，始终默默无闻、谨小慎微、不动声色和不可动摇地向前推进，即使每天工作长达15~20个小时，也几乎看不到他有什么苦恼的迹象。仿佛他要的就是这种长期的黑暗，就是这样的不可思议和难以理解！其实，只要我们真的理解了任正非的那种忧患意识就不难知道，在他的精神世界里，一直存在着一种傲然的尊严和坚强的意志力，以及不可磨灭的神圣的使命感。

在中国，华为是少数几个在创立之初就重视创新的企业。它的缔造者任正非把创新看做是企业的灵魂，是使企业产生核心竞争力和保持企业核心竞争优势的至关重要的因素。因为任正非深知，创新是企业之所以能走得更远、活得更久的主要推动力，所以他不惜在技术研发上投入大笔资金，甚至将"按销售额的 10% 拨付研发经费"写进了 1998 年出台的《华为基本法》，为的是在一定利润水平上追求企业成长的最大化，即必须达到和保持高于行业平均的增长速度和行业中主要竞争对手的增长速度，以增强公司的活力，吸引最优秀的人才和实现公司各种经营资源的最佳配置。任正非认为，在电子信息产业中，要么成为领先者，要么被淘汰，没有第三条路可走。

所以，早在 1998 年，任正非就提出了"不创新才是最大的风险"的论点。

回顾华为二十多年的发展历程，我们能够深刻地体会到，如果没有创新，要想在高科技行业中生存下去几乎是不可能的。在这个领域，没有喘息的机会，哪怕只落后一点点，都将意味着逐渐死亡。所以，任正非认为，企业创新是"因"，而提高企业核心竞争力则是"果"。

在《创新是华为发展的不竭动力》一文中，任正非指出，华为要做的就是坚定不移地提升企业的核心竞争力。当然，对于一家企业来说，核心竞争力是多方面的，技术与产品仅仅是一个方面，管理与服务的进步远远比技术进步更重要。十多年来，任正非也深刻地体会到这一点：没有管理，人才、技术和资金就形不成合力；没有服务，管理就没有方向。

而管理的创新对高科技企业来说，比技术创新更重要。任正非知道，华为在发展中还存在很多要解决的问题，而与西方公司最大的差距主要在于管理。所以，2004 年，任正非提出与国际接轨的管理目标，同时请来西方的顾问在研发、生产、财务、人力资源等方面长期合作，不但使企业的核心竞争力得到提升，而且也使得企业内部管理开始走向规范化运作。

回首华为的成长历程，任正非深有感触地说："有创新就有风险，但决不能因为有风险，就不敢创新。回想起来，若不冒险，跟在别人后面，长期处于二三流水平，我们将无法与跨国公司竞争，也无法获得活下去的权利。若因循守旧，也不会取得这么快的发展速度。"从任正非的这番话中，我们似乎看到了华为之所以在竞争异常激烈的电子信息产业中一直立于不败之地的原因所在。

主张改良主义

华为的发展，无论从制度上、流程上还是文化上来说，其实都是创新的胜利。

但是，当人们纷纷以华为的创新作为学习楷模的时候，往往忽略了任正非的另一个个性鲜明的概念——"改良主义"。

在政治领域里，"改良主义"曾作为"暴力革命"的对立面而出现。区别于"革命"是从根本上改变事物本质的要求，改良主义排斥一切暴力革命，以改良作为唯一的革命手段。任正非将这个政治概念引入经济领域中，并将之内化为华为重要的创新指导思想。

任正非认为，管理创新、制度创新虽然很重要，但对一家正常的公司来说，频繁地变革，内外秩序就很难安定地保障和延续。不变革不能提升企业的整体核心竞争力与岗位工作效率；变革，究竟变什么？这又是严肃的问题。因为一个有效的流程应长期稳定运行，不能因为有一点问题就经常去改动它，因为改变的成本就会抵消改进的效益。所以，已经证明是稳定的流程，尽管发现它的效率不是很高，除非在整体设计或大流程设计时发现缺陷，而且这个缺陷非改不可，其他时候就不要改了。

为什么不能随意改革？任正非认为这样做可能会遭遇成本太高、条件不成熟等问题的困扰，进而造成企业的不稳定，这是一家企业经营过程中的大忌。

从人力成本来看。要实行新的改革措施，要搞企业创新，就必须投入人力，组织一班人马。从制订实施方案入手，到广泛征求意见，再到修改完善，再到层层动员，最后到具体实施、检查评估。这是一个封闭的体系，需要企业全体员工同心协力才能做好，否则不仅难以取得创新的效果，而且还会付出高昂的代价。

从资金成本来看。创新不仅需要投入人力，还需要投入大量资金，譬如，新产品的创新、工艺技术的创新等项目实施周期、回收期都比较长，这就要求企业必须具备较强的实力，否则不仅无法完成创新项目、实现创新目标，还有可能拖垮企业。

从间接成本来看。创新不仅仅有直接成本，还有间接成本。而且，往往间接成本要比直接成本大得多。因为间接成本无法直接评估，并且容易被决策者忽视。间接成本体现在哪里？体现在具体实施创新的过程中，体现在对原来程序、秩序、体系打破的过程中，而在新的程序、秩序、体系还没有建立起来的情况下，体现在给企业生产系统、经营系统及管理系统带来的冲击，以及给企业整体经营绩效带来的不利影响。

另外，一次成功的创新要求企业内外部条件必须是成熟的。

内部条件包括：

（1）企业的规模发生变化，或扩大，或缩小。

（2）核心业务发生改变，或是从一个行业转型到新的行业，或是部分业务的扩展和部分业务的萎缩，这种情况往往随着企业业务量的增减而导致业务重点发生变化。

（3）企业的组织机构及员工组成发生变化，多是由于新业务的扩张或部分业务的收缩，必须对企业的内部组织机构和团队结构进行及时调整。

外部条件则包括：

（1）政府政策的变化，例如国家出台了新的关于企业的法律法规时，企业不得不根据新的法规调整内部的管理政策，在技术、环保、质量等方面作出相应的调整。

（2）客户情况的变化，包括企业的供应商、消费者。由于行业不同，企业的情况也不同，供应商和客户都会发生变化。因而企业必须适应供应商和消费者的变化，对企业内部生产经营及管理体系实施必要的改革措施。

对于这些问题，任正非无疑已经思考得很透彻，所以，当华为在内外条件还不够成熟的时候，他主张采取改良主义而不是全盘否定。"我是主张改良的，一点点地改，不主张大刀阔斧地改革。华为必须坚持改良主义，通过不断改良，实现从量变到质变的过程。华为处于高速发展的过程中，轰轰烈烈地剧变可能会撕裂公司。所以要在撕裂和不撕裂中把握好"度"。我们处理发展速度的原则应该是有规律、有预测地在合理的增长比例下发展，但我们也必须意识到这样做所带来的不稳定。我们必须在此基础上不断地提高我们的管理能力，不断地调整管理能力所能适应的修补程度，以使我们适应未来的长期发展。"

目前，华为大力提倡的"小改进，大奖励；大建议，只鼓励"的政策，就是改良主义的一个很有代表性的例子。

第三部分 迈向卓越

第十二章
卓越的人生
靠自己去创造

我们今天的生活状态，其实是由昨天决定的；同样，我们明天的生活状态，是由今天决定的。也就是说，今天的你怎样去创造生活，明天的你就拥有怎样的人生。要知道，人生不是简单的重复，生活也不是单调的轮回，毕竟太阳每天都在刷新着纪录，所谓"天行健，君子以自强不息"。所以，努力！每一个有梦想的人；前进！每一个为理想而活着的人！

或许所有的努力、所有的付出，最终也只不过是证明我们拥有什么样的命而已。但是，如果我们不曾努力过，不曾付出过，不曾拼搏过，我们又有什么资格去相信命运呢？所谓的"尽人事以听天命"，人事未尽，何来天命之说？

成就是结果，而不是目的。

——福楼拜

1. 培养良好的习惯

或许，你曾经景仰过比尔·盖茨、杰克·韦尔奇等这些国际顶尖的名流；或许，你曾经仰慕过张瑞敏、牛根生、任正非等这些知名企业家的风范；或许，你曾经听过马云、李彦宏、杨元庆等这些后起之秀自强不息的奋斗经历；或许，你已经从很多的励志书上了解到这些企业家取得成功的经验以及他们所走过的道路；或许，这些企业家的成功经验使你信心大增，使你对未来充满了渴望，你甚至已经为自己美好的未来描绘出了光辉灿烂的一幕。

然而，当你在前进的路上碰到一些必然的挫折时，往往就会产生消极的心理，使自己变得被动、松懈，最后选择放弃，久而久之，曾经的激情和雄心壮志就会像大雨中的烈火一样被平淡的生活给浇灭了，一切又回到了你以前那些"舒服"的日子，你又重新痴迷于肥皂剧，又开始沉迷于网络游戏，又开始频繁出入各种娱乐场所……

面对这些，你是否感到困惑与迷茫？你是否觉得人生有太多的荒漠？你是否觉得成功是那么的渺茫……

其实，不管是成功者的经验给你带来的启发也好，或者是别人教给你的方法也罢，都只是教你如何能够走上通往成功的道路，或者教你如何更加有效地走这条路，但是他们永远也无法代替你，经验不能，方法不能，任何人也不能。但是，经验做不到的，方法做不到，别人无法代替你的，有一种力量却可以做得到，那就是——习惯的力量。因为，习惯是一种无形的规则，这种无形的规则是一个人久而久之形成的一种大智能和大智慧。因此，从一定程度上来说，你所养成的习惯或好或坏，最终将决定你能否实现自己的理想和目标。

如果你拥有良好的习惯，那么在人生的道路上，你就像火车顺轨而行，就像流水随渠而走，常常举重若轻，水到渠成。反之，如果你没有养成良好的习惯，甚至是养成坏习惯的话，你就会常常在小小的考验面前乱了方寸，这种坏习惯就像挂在你脖子上的大磨盘，使你在人生的道路上寸步难行，无法真正地昂首挺胸，阔步前进，你也不会受到别人的欢迎。比如，老板不会喜欢上班习惯性迟到的员工，下属不会服从出尔反尔的上司，同事之间也不会喜欢那些习惯于贪小便宜、自私的人……

可以说，好习惯使你走向成功的道路，而坏习惯则会使你通往失败的大门；好习惯能够帮助一个人成就卓越的人生，而坏习惯则常常是摧毁人生的慢性毒药。

培根曾经说过："习惯是一种顽强而巨大的力量，它可以主宰人的一生。"而约翰·德赖登则早在 300 年前就说过："起初我们养成习惯，后来习惯慢慢造就了我们。"从这些名人的话中，我们不难明白人和习惯之间的密切关系，以及习惯对于我们每一个人的影响是一生的。

那么，习惯的最高境界是什么呢？就是我们平常所说的"习惯成自然"，这是我们培养习惯的最终目的，更是我们所追求的一种能力。所谓自然，就是"不必故意费什么心，仿佛本来就是那样"。比如，走路和说话是我们最需要的两种基本能力，而这两种能力的形成是因为我们从小就习惯了，成"自然"了。所以说，无论哪一种能力，要达到习惯成自然的地步，才算我们真正拥有了那种能力。如果还没有达到习惯成自然的程度，只是勉勉强强地做一做，那就只能说明我们还不具有那种能力。

当然，也许你会说，培养习惯总是约束人的手脚的，如果我自己不养成任何习惯，就不会遵循任何规范和模式，自己就能够得到更多的自由。但是，你有没有想过？一匹脱缰的野马，虽然拥有看似奔腾万里的豪迈，但却常常会失去很多施展自己才华的机会，常常会失去自己的方向。而一旦迷失了方向，你又怎能知道自己的目标在哪里？

是的，习惯是一个多么平凡而伟大的字眼呀！它的平凡在于每个人都可以拥有，而它的伟大则在于它能够帮助你成就自己的梦想。

其实，成功是有规律可循的，卓越的人生也是可以达到的，这个世上更没有无缘无故的成功者，也不可能无缘无故地冒出一个杰出的天才。所以，我们必须养成良好的习惯，才有可能真正拥有卓越的人生。

2. 保持自己的本质

我们的生活早已进入了信息时代，而面对那么多扑面而来的各种各样的信息，你是否会感到眼花缭乱呢？是否会因为面对更多的选择而感到六神无主呢？是否会因为没有及时抓住那么多转瞬即逝的机会而感到遗憾呢？其实，所有的这些，你都不必担心，因为这个时代虽然变得越来越快，但正所谓万变不离其宗，只要我们保持自己的本质，始终坚定自己的信念，那么，不管外在的环境如何改变，你依然是你，永远都不会被这个社会淘汰，当然就更不会被职场所淘汰，相反，你会因为始终坚定自己的信念而变得越来越出色。

有这样一个女孩，她每天下班回家之后便开始向自己的父亲抱怨工作的辛苦和生活的不如意。

有一次，父亲平静地听完女儿的抱怨后，什么话也没有说，只是把女儿带进厨房里去，然后往三口同样大小的锅里倒入一样多的水，再将一根胡萝卜、一个鸡蛋和一把茶叶分别放进这三口锅里。放完后，父亲便打开火，并把这三口锅的火力开到一样大。

20分钟后，父亲把火全部关掉，然后让女儿看看分别放在这三口锅中的胡萝卜、鸡蛋和茶叶都有哪些变化。

女儿拿着筷子碰了碰胡萝卜，发现原来坚硬的胡萝卜已经变得很软了。接着，拿起鸡蛋，然后把蛋壳敲破，仔细地用手摸了摸里面的蛋白。然后，她又看了看那些在沸水里舒展的茶叶。

闻着淡淡的茶香，女儿对开始父亲说："第一口锅里的胡萝卜已经变得很软了；第二口锅里的鸡蛋，蛋壳已经变得很硬，里面的蛋白也已经凝固了；第三口锅里的茶叶变得很舒展，而锅里的水，则已经变成了茶水。"

这时，父亲才微笑着对女儿说："这一下你都看到了吧，胡萝卜、鸡蛋和茶叶这三样东西，是在一样大的锅里、一样多的水里、一样大的火上和用一样多的时间煮过的，可是它们的反应却迥然不同。刚开始时，胡萝卜是硬的，但煮完之后却变得那么软，甚至都快烂了；生鸡蛋是那样的脆弱，蛋壳一碰就会碎，可是煮过后连蛋白都变硬了；而茶叶虽然只是几片枯叶子，但煮过之后，那些叶子却一片片舒展开来，而它的香气和味道却融进水里，最后变成了甘美的茶水。"

说完后，父亲又接着问女儿："你像它们当中的哪一个呢？"

听完父亲的一番话后，女孩终于恍然大悟。从此，再也没有任何抱怨了！

其实，职场也好，社会也罢，都像是一锅滚烫的沸水，任何东西投进去都会发生变化。所不同的是，面对生活的煎熬和社会的历练，有的人会像胡萝卜一样，由开始的坚强，变得软弱无力，人云亦云，没有自己的主见；有的人则变得像鸡蛋一样，变得很僵硬，看谁都不顺眼，到处攻击他人；有的人则像茶叶一样，无论外在的环境多么恶劣，他仍然做最真实的自己，而且不断地向四周散发出自己的香气，用自己的人格魅力感染着周围的人！

正如刘德华在那首歌《今天》中所唱到的那样："走过岁月我才发现世界多不完美 / 成功或失败都有一些错觉 / 沧海有多广江湖有多深 / 局中人才了解 / 生命开始情不情愿总要过完一生 / 交出一片心不怕被你误解 / 谁没受过伤谁没流过泪 / 何必要躲在黑暗里自苦又自怜 / 我不断失望不断希望 / 苦自己尝笑与你分享 / 如今站在台上也难免心慌 / 如果要飞得高就该把地平线忘掉……"

是呀，这个世界并不完美，而我们的生活也不会四季如春。所以，每个人的一生都注定要经历一些沟沟坎坎，品尝苦涩与无奈，面对挫折和失意。但是，正如歌中所唱的那样："如果要飞得高就该把地平线忘掉。"而我们要活出最真实的自己，也需要把那些不利于我们的环境忘掉啊！当你在苦涩与无奈、挫折和打击、苦难和不幸面前依然保持着坦然和坚强的微笑时，实际上你就已经是生活的强者了，因为不管外在的环境如何变化，你仍然能够让你自己和周围的一切都变得美好、变得有意义。

3. 脚踏实地，做好自己

很多人往往都会这样认为，一个人要想获得成功，必须通过刻意的栽培，才能够拥有成功的机会。其实不然，一个人要想获得成功，自身的努力远比刻意和大量的栽培来得珍贵。可以说，只有通过自身的努力，才能看见前方新的机会。所以，只要你够努力，也一样能够获得巨大的成功。

一百多年前，英国生物学家、进化论的奠基人达尔文到马德拉群岛的科格伦海岛上进行考察。在这次考察的过程中，达尔文发现了这样一个奇怪的现象：在科格伦海岛上生活的所有昆虫当中，只有极少数的昆虫身上生有巨型的翅膀，能够在天上飞翔，而其他绝大多数的昆虫则完全没有翅膀，只能在地面上爬行。

为什么在岛上生活的这些昆虫，会出现这种截然相反的两极分化现象呢？那些长有中型翅膀的昆虫为什么一只也见不到呢？面对着这个奇怪的现象，这位进化论的奠基人开始陷入了深深的沉思。

后来，达尔文经过反复观察和思考，最终找到了答案，揭开了其中的奥秘。原来，科格伦海岛上的气候条件十分差，可以说是长年飓风不断。在这种极其恶劣的环境中，只有极少数长有巨型翅膀的昆虫才能够迎风飞翔，艰难地存活下来；而那些生有中型翅膀的昆虫，在飞行的过程中，则容易被大风吹落大海，被海水所淹没，最终全部灭绝。相反，那些因为没有翅膀而放弃了飞翔，只能在地面上匍匐爬行的昆虫，反而得到了更大的生存机会和繁衍的空间。由于飓风奈何不了它们，所以使它们最终成为这个岛上进化的成功者、竞争的胜利者，以及海岛上的主宰者。

社会学者曾经作过一项调查研究，该调查的结果显示：在这个社会上，有将近80%的人，并不喜欢自己目前所从事的职业，如果可以重来，让他们重新去选择，他们肯定会改行，去选择自己所喜欢的职业。而且，在这些接受调查的人群当中，大多数人都坦白地承认，由于不喜欢自己所干的工作，所以他们不会为自己的本职工作投入太多的精力，只是单纯地把工作视为谋生的一种手段。在改行无望的情况下，他们只好把较多的时间和精力花费在业余爱好上。这样一来，他们实际上已经变成了一心二用的人，结果导致自己的本职工作业绩平平，而业余爱好也始终处在业余水平。在这种进退两难的情况下，他们往往最终都遭到了职场的无情淘汰。只有那些执著于本职工作的人，才干得比较出色，在职场的暴风雨中艰难地生存下来。另外，还有一部分人，他们干脆放弃了职场上那些热门职业的竞争，而选择了一些冷门的事业，然后默默地经营，最终也取得了巨大的成功。

科格伦海岛上的三种昆虫，实际上正好代表了职场上三种类型的人。那些身上生有巨型翅膀的昆虫，代表了在职场上执著于本职工作的人，由于他们生来就具有竞争的天赋，或者受到过某种特殊的栽培，所以他们干得很出色；那些生有中型翅膀的昆虫，则代表了职场上那些朝秦暮楚的人，他们不喜欢自己的本职工作，却又不甘寂寞，盲目地参与竞争，最终被无情地淘汰出局；而那些身上没有翅膀的昆虫，则代表了职场上那些脚踏实地的人，他们知道自己既没有背景，又没有关系，所以便甘愿在最底层默默地努力，不断地找寻适合自己的位置，最后终于获得了成功。

所以，如果你没有过人的天赋，老天爷也没有赠给你一双巨型的"翅膀"，那就果断地拒绝天空的诱惑吧！放弃翱翔于天空的梦想，理智地去做一只没有翅膀的爬虫，心甘情愿地匍匐于地面，心无旁骛地去干好自己应该干的事。这样，你不但能够躲过那些无谓的风险，而且同样可以成就一番事业。

4. 把握当下，握紧现在

只有低头播种，才有收成的机会；只有现在努力，才能抓住每一次机会。昨天已经成为过去，你永远追不回，明天你也永远赶不上，只有今天，只有现在，才是真正属于我们的。所以，不管什么时候，我们都应该有活在当下的心态，这样才能看清问题的本质，才能不断地积累自己的能力。

西汉时期，汉宣帝刚一继位，便颁布了一道诏令，要把祭祀汉武帝的"庙乐"进行升格。但是，诏令刚一颁布，汉宣帝就接到了光禄大夫夏侯胜的反对意见。一时之间，满朝哗然，夏侯胜只是一介臣子，竟然敢于反对皇上的诏书，这还了得？于是，群臣马上联名给汉宣帝上了一道奏章，说夏侯胜这是"大逆不道"。同时，这些大臣还把不肯在奏章上签名的黄霸也一块给弹劾了，其罪名就是"不举劾"。很快，夏侯胜和黄霸便都被抓起来了，而且还给他们定了死罪，就等待秋后问斩了。

夏侯胜是当时一位著名的学者，尤其精通儒家经典，在性情上，他向来刚正不阿，既不会向邪恶势力阿谀逢迎，更不会低头。这次他只是觉得皇上的做法有些过分，便提出自己的意见，没想到却遭此大辱。想想皇上对自己如此薄情，不禁悲从心起，又想到人生是如此的无常，更是觉得心灰意冷。

再说那个黄霸，自己本来好好的，平时也不招惹谁，这一次却仅仅因为自己不愿意与那些人同流合污，结果落得这样的下场，可以说他比夏侯胜还冤。但是，黄霸却是一个十分乐观、豁达的人，更是一位喜欢学习的人。在这之前，他一直很仰慕夏侯胜这位大儒，而且早就产生了结交之意，只是平时由于公务繁忙，无缘亲近，没想到这一次自己竟然和夏侯胜被关在同一间牢房里。黄霸心想："自己原来每天忙于工作，没有时间向这位大儒请教，现在终于有时间了，而且良师就近在眼前，为什么不赶紧向他求教呢？"于是，黄霸便诚恳地向夏侯胜求教。夏侯胜先苦笑，然后叹着气说："唉！咱们现在已经是快死的人了，还要那么多学问有什么用呢？"但黄霸并没有放弃，他微笑着说："孔子曾经说过：'朝闻道，夕死可矣。'所以，我们应该活在当下，把握现在，只要能够学有所得，心有所悟，今天的我们就是快乐的，何必要去管那虚无缥缈的明天呢？"夏侯胜一听，觉得很有道理，于是大受鼓舞，当即便答应了黄霸的请求。从此，夏侯胜和黄霸便每天在牢房中席地而坐，一起钻研学问。夏侯胜悉心地讲授，黄霸更是尽心地听讲，学得津津有味，每次研读到精妙处，两人甚至还抚掌而笑。弄得那些狱吏也觉得莫名其妙，因为他们实在搞不懂，两个即将被处死的人，怎么还会如此快乐呢？

没过多久，秋天就到了。这时，有人便提醒汉宣帝该杀夏侯胜和黄霸了。宣帝于是派人到狱中去看看他俩到底在干什么，是否已经悔改了。其实，宣帝心中很明白，夏侯胜和黄霸罪不至死，自己也不想真的杀掉他们，但自己又不好意思直接说，所以想给自己找一个台阶下。但没想到的是，派去调查的人回来后，还是跟宣帝讲了实话，说夏侯胜和黄霸每天以读书为乐，面无忧色。汉宣帝心中十分不满，但转念一想，觉得这两个人确实是难得的贤才，更不忍心将他们杀掉，所以便将此案一直拖着。

而夏侯胜和黄霸虽然身在监牢之中，但决意活在当下的他们早已心无障碍。可以说，已经没有什么东西能够束缚住他们的心灵了。因为每天都过得很开心，所以牢狱生活对于他们来说，非但不是煎熬，反倒使他们觉得很充实；由于把所有的时间和精力都花在研究学问上，精益求精，所以他们的思想更是有了很大的长进。

不久之后，汉宣帝开始大赦天下，夏侯胜和黄霸终于出狱了。但他们两人出狱后，并没有像其他囚犯那样被驱逐回老家，而是被皇帝直接召见，并任命夏侯胜为谏大夫，继续留在皇帝身边，而黄霸则被派到扬州去做地方长官。

由于夏侯胜为人正直，而且学识渊博，所以皇帝又派他去给太子当老师。后来，夏侯胜以九十岁的高龄逝世时，太子为了感谢师恩，还专门为他穿了五天素服，天下的读书人更是引以为荣。而黄霸被派到扬州当地方长官之后，更是以务实的工作态度，为当地百姓做了很多好事，政绩卓著，名扬天下，很快就被皇帝召回来任命为宰相。

牢狱之灾可以说是夏侯胜和黄霸命运的转折点。他们从过去风光无限的士大夫，一下子就沦落为阶下囚，而且还是死囚犯。这样的打击，不管对谁来说，都是太大了，太让人难以接受了。但是，这个打击对于他们来说，又何尝不是新的起点呢？我们可以想象一下，当琅琅的读书声从那黑暗而恐怖的监牢中传出来时，那是多么的令人震撼呀！更为重要的是，从他们时时发出来的欢笑声中，足以证明了他们已经懂得人生的意义就是把握现在，活在当下。

对于很多人来说，人生中最大的困厄莫过于等待如期而至的死亡了。因为大多数人活在世上，往往都是活在对未来的期望之中，可是当他们知道死亡已经近在咫尺时，他们心中的希望之火也就随之熄灭了，顿时心如死水，所有的一切也不再有任何意义了。这就是人们平常所说的生不如死吧，既然明天已经不存在，活着还有什么意义呢？但命运却偏偏又让你还活着，让你忍受着时间的残忍折磨。而当今的职场又何尝不是如此呢？很多时候，我们真的很难看到自己的前途到底是什么样子，而现状又是令人如此的绝望，这个时候，我们该怎么办呢？

其实，即使明天已经没有了希望，但我们仍然还有选择的余地：一是放弃所有的梦想和希望，然后让自己感觉生命在一分一秒地流失，忍受着时光的折磨；二是放下对未来的执著，让自己活在当下，把握现在，充实地过好每一分每一秒。如果换作你，你会选择哪一种方式呢？

佛家说："见了便做，做了便放下，了了有何不了。"这样的一种心态，虽然在表面上看来好像很消极，但实际上包含着一种大智慧。因为它让你明白，只要活在当下，把握现在，便活出了未来。

所谓"明日复明日，明日何其多，我生待明日，万事成蹉跎"，其实明日永远都不会来，不是吗？因为明日到来的时候，它已经是今日了。所以，只有今天才是我们生命中最重要的一天，也只有今天才是我们生命中唯一可以把握的一天。那么，既然活在当下，我们也只能从当下去寻找活着的意义以及生命的真谛。因为过去的事，已经成为过去，不管它是多么的美好，多么的令人怀念，也不管它是多么的丑陋，多么的令人追悔，它都已经成为昨天了。而昨天是永远也回不来的，所以我们没有必要沉湎于过去的情绪当中。因为对过去的怀念或追悔，只是徒增自己的烦恼，而且还干扰我们当下最应该做的事。

是的，人生在世，对于茫茫宇宙来说，终究不过如白驹过隙。所以我们唯有认真地活在当下，抓紧现在，才是积极的人生态度，才有机会成就自己卓越的一生。

案例　远东控股集团董事长蒋锡培：从修表匠到"电缆大王"

20 世纪 80 年代末，中国江浙一带出现了创业高潮。这些创业者，大多为出身草莽，学历不高，他们白手起家，勤劳肯干，完成了自己的原始积累。但是在这些创业者中，真正能够把企业真正做大、做强的并不多。

在这一波的创业潮中，有这么一位农村的小伙子，他以修理手表起家，虽然历经波折，却凭借着自己的韧性和执著，从不被人看好的电缆做起，打造了属于自己的商业帝国。他就是我们这个案例的主人公——远东控股集团董事长蒋锡培。

2006 年，远东控股集团旗下的电缆业务销售额正式突破 100 亿元，连续 16 年保持 40% 以上的高速成长，连续 8 年行业产销第一。如今，身家数十亿的蒋锡培，说话办事依然保持着当初的本色。他，恰恰就是中国草根创业者的典范之一。

放弃上大学的梦想

1963 年，蒋锡培出生在江苏省宜兴市范道乡洋埝村一个普通的农民家庭，家境十分贫寒，家中一共兄弟姐妹六个，蒋锡培排行第五，全家人把考大学的唯一希望寄托在聪明的蒋锡培身上，可是，让全家人感到失望的是，1980 年，17 岁的蒋锡培高考落榜了。

父母让蒋锡培再去补习一年，等来年再考，但蒋锡培只去了一个月，就把书包背回家，不再念了。蒋锡培一直是一个听话的孩子，全家人都想不通他为什么死活不肯再考大学。为了逼迫蒋锡培回到学校好好念书，父母就让他到地里去干最重的农活。

当时，蒋锡培的身高还不到一米六五，正在长身体的时候，父母就让他挑着一百二三十斤重的担子，割了稻子还要拎着，连做了半个多月。虽然每天特辛苦，到家里饭都不想吃，倒在床上就睡着了。然而，繁重的体力劳动没能让蒋锡培回心转意，他决定跟随哥哥到杭州去修钟表。但临出门的那一天，伤心的父母谁都没理睬他。

人生的第一次重大选择就违背了父母的意愿，蒋锡培的内心感到非常愧疚，他决心要在杭州混出个人样来。因此，到杭州后，蒋锡培就跟着二哥勤学苦练，仅用 56 天的时间就掌握了修钟表的全部技艺，并在哥哥的鼓励下，独立开了自己的修表店。

当时，蒋锡培最大的目标是 5 年之内赚够 5 万元。为什么这是蒋锡培最大的目标呢？因为他毕竟是农民的儿子，自然有着深厚的农民情结。多年后的一个傍晚，在江苏省宜兴市远东集团办公大楼里，蒋锡培回忆起自己当初的这些计划时，不由得笑着说："这 5 万元钱，我当时是这样考虑的：回家造两间房子，剩余的放在银行里面存定期，每年吃利息，一年花销就差不多了，用不着再去努力奋斗了。"

然而，独立开店后的蒋锡培很快就显示出了他的经商天分，原本想着 5 年才能赚到的 5 万块钱，蒋锡培只用了不到一年就挣下了。就这样，放弃了上大学的梦想，违背父母的意愿，执意去修钟表的蒋锡培意外地撞开了一扇财富之门。由于当初定下的"最大目标"得以顺利实现，蒋锡培的自信和创业的"野心"也一下子就被激发出来了。

凭借着过人的勤奋，高超的修表技术，再加上良好的人缘，蒋锡培的修表生意做得是顺风顺水，5 年就挣下了 25 万块钱，这笔钱在当时，已经算是一个不小的数目了。当时，蒋锡培盘算着在杭州办个厂，再娶上一个城里媳妇，这人生就算是圆满了。可是，就在他的人生理想眼看就要顺利实现时，父母却给他下了一个让他意想不到的命令——赶紧回老家去定亲。

为了不让父母再一次伤心，蒋锡培决定在婚姻大事上顺从父母，回家和自己同村的姑娘陈小芬订婚。两人结婚后，蒋锡培便带着修表挣来的 25 万元钱回到家乡，准备在家乡创业，好好地大干一场。

倾家荡产

1986 年，蒋锡培开始自己做老板。他选择了自己熟悉的钟表行业，创办了一家为大钟表厂生产零配件的仪器仪表厂。但是，没多长时间，蒋锡培的工厂因为原材料问题，生产出来的产品质量不合格，厂家纷纷找上门来，要求蒋锡培退货赔款，蒋锡培陷入了痛苦的破产边缘。

这一次，蒋锡培赔掉 50 万块钱，连他从亲朋好友处借来的 20 多万块钱也都搭了进去。由于没有钱再雇工人，妻子陈小芬不但要到田里干农活，还要在家里操作冲床。一次，陈小芬实在太累了，一不小心把手伸进了开动着的冲床，结果把骨头都冲断了……

在那段艰苦的岁月里，陈小芬和蒋锡培始终不离不弃，同甘共苦，这让蒋锡培十分感动，对妻子的感情也从当初的不大情愿，变成了一种深深的爱，两个人成为一对相濡以沫的恩爱夫妻。

然而，幸福的家庭虽然让蒋锡培感到十分满足，但开仪表厂的失败，不但赔光了蒋锡培在杭州修表时挣下的 25 万块钱，还让他欠下了一身的债。蒋锡培的下一个转机究竟在哪里呢？

起死回生

就在蒋锡培遭受创业失败的巨大挫折时，有个人给他送来了一件"礼物"。在某电缆厂工作的大哥向他提供了一个重要信息：上海和江苏的电线电缆市场需求量巨大且销售价格日益增长。商业嗅觉十分敏锐的蒋锡培意识到，他的机会来了。于是，他很快又向朋友借了 10 万元，在宜兴开设了一家经销部，开始了他与电线电缆的"情缘"。在经过了一年半时间的艰苦奋斗之后，蒋锡培终于起死回生了，他不但还清了 30 多万元的欠债，还赚了 180 万。

从高考失败到开厂破产，从不想再让父母伤心回老家成亲，到为了还债、冒着各种艰难险阻去买卖电缆。10 年间，蒋锡培靠修表用 5 年时间挣了 25 万，开厂 3 年却又赔掉了 50 万，卖电缆一年半又出人意料地赚了 180 万，有了足够的本钱。这个时候，另一个人的出现轻轻拨动了蒋锡培命运的指针。1990 年，范道乡准备筹建一个私营经济开发区，时任范道乡党委书记的张伯宏第一个把目光投向了蒋锡培。随后，一家由蒋锡培控股、注册资金为 180 万元的"范道电工塑料厂"（远东集团的前身）成立了。而蒋锡培也从卖电缆，转到做电缆。而这个当时主要生产照明用电线的小企业，成立当年的销售收入就达到 462 万元，第二年达到 1800 多万元，第三年达到 5200 万元，第四年的销售额惊人地达到了一个亿。也就在这一年，在市里的支持下，蒋锡培的电缆厂成功地由一家私营企业改制为乡办企业，名字也从带有浓郁乡土气息的"范道电工塑料厂"改为"无锡市远东电缆厂"。

四次改制

在 1990 年到 2002 年的 12 年间,蒋锡培先后组织了 4 次重大经营体制改革:1992 年,把私营企业改制为乡办集体企业,改善了发展环境;1995 年,又把乡办集体企业改制为股份合作制企业;1997 年,与中国华能集团公司等四大国企实行联姻,组建了跨行业、跨地区、跨所有制的混合所有制企业;2002 年,利用国家电、网分离的时机,出资回购原有转让股权,让远东再次回到自己手中。此后,远东公司进一步明晰了产权制度,组建成现在的民营股份制企业集团。

那时,好像身边所有人都在关注着这个"总在折腾"的企业和蒋锡培。"当时,不是一个人、一个企业的能力就可以去改变环境,倒是我们必须要适应这样的环境好好地发展企业。我当时没有想那么多,首先想到的是我要让企业活下去、发展起来,这是本能反应。"忆及当时的"舍得"之道,蒋锡培的言语中尽是坦然与果断。

1994 年,第一次改制后的远东销售额达到了 1.5 亿元;2002 年,与国企大鳄联姻后远东销售冲破 20 亿元大关……市场占有率的节节攀升、销售额的一再突破,给予了这个时代弄潮儿最为中肯的评价:20 年来,远东始终保持平均每年 40% 以上的发展速度,并不断通过技术创新、管理创新站在了行业发展的前沿。在 2009 年中国机械 500 强评选中,远东位列第47 位,位居"电线、电缆、光缆及电工器材制造行业"之首。

如今,曾经作坊式的小企业已成长为坐拥 80 多亿元资产,员工6000 余名,年销售收入超 100 亿元,以电线电缆、医药、房地产、投资为核心业务的大型民营股份制企业集团。对于蒋锡培而言,远东 20 年的发展集天时地利人和。"现在看来,任何一件事情都不是单打独斗,要具备好的外部环境、好资源、好团队,天时地利人和,缺一不可。"蒋锡培如是说。

目前,蒋锡培正在考虑远东的第五次改制。这一时期,万向、复兴等民企借助国企改制,通过资本市场收购猎物不断壮大,而远东目前仅仅拥有一家上市公司——三普药业,而且主营医药,远东的优质电线电缆产品都在之外,此种反差,让蒋锡培认为与资本市场嫁接将是远东的必由之路。

重用人才

或许是对于"以人为本"的理解，蒋锡培极为爱才、惜才。创业之初，蒋锡培在上海听说上海电缆研究所有一位叫虞正明的高级工程师要退休，这个人不仅技术精湛，为人也很好。于是，在朋友的带领下，蒋锡培亲自来到虞正明的家，登门拜访，当提出想邀请虞来远东工作时，因为距离退休还有一段时间，虞委婉地拒绝了蒋锡培的邀请。可是蒋锡培并没有放弃，五顾茅庐，他的真诚打动了本来希望在家颐养天年的老工程师。而虞的加盟，使远东在技术上实现了里程碑式的突破，随着一个个技术难关不断被攻破，远东电缆不仅在技术上领先于同行，产量也突飞猛进，牢牢占据了行业老大的位置。

1999 年，蒋锡培授予虞正明"杰出贡献终生成就奖"，并宣布自该年起，除每月领取工资外，虞正明终生都可以每年领取 5 万元奖金。一直到 2005 年，虞正明去世前，蒋锡培不折不扣地兑现了自己的诺言。

蒋锡培不仅爱才，而且用人不疑，这也是远东能够留住人才，不断发展的根本动力之一。远东集团董事副总裁卞华舵对此感触颇深。

采访时，卞华舵给记者讲述了一个细节。当年与蒋锡培相识缘于一次讲座。1997 年，时任某大学教师的卞华舵，一次受远东邀请，进行管理干部培训，由于卞华舵讲解出色，深入浅出，令远东的员工听起来很起劲，台下不断爆发出热烈的掌声。

讲课结束之后，在支付卞华舵酬劳的时候，蒋锡培暗中告诉人事经理给卞华舵多加一些钱。由此，卞华舵的讲课费由 2000 元变成了 4000 元，在给卞华舵之前，蒋锡培又看了一下装钱的信封，告诉手下，再加 2000 元。蒋锡培一次支付给卞华舵讲课费 6000 元。这在当时，相当于卞华舵近三个月的收入。这给卞华舵留下了很深的印象。

或许当时，蒋锡培已经看中了眼前的这位青年才俊。此后，连续几年，蒋锡培都邀请卞华舵来远东讲课，并先后三次力邀他加盟远东。精诚所至，金石为开，卞华舵被蒋锡培尊重人才、尊重知识的精神感动，在 2001 年加盟远东，到任后，不断地对远东进行一系列管理变革，大量引进人才，成功推进信息化工程。不仅如此，他还施展卓越的策划才能，将远东推到公众面前，成为远东的"参谋长"。

可是在 2006 年，在卞华舵到任 5 年后，他决定离开远东去走自己的路，成为一家基金公司的合伙人。虽然不在远东工作，但他依然保留股份及远东董事的职务。卞华舵说："在远东的 5 年，受益最大的是让我从一个只有知识的人，变为一个经历了企业实践的、能把知识和实践结合的人。"

"天下没有不散的筵席"，但是酒席散去，依然是朋友的却并不容易，在职场中，企业家和职业经理人的事例可以说是屡见不鲜，但蒋锡培在处理人际关系时，却把握得十分恰当。

成功的秘诀

蒋锡培认为自己获得成功的原因，主要有三点：

第一是市场。只要做企业，无论做哪一方面，必须把产品卖得掉。不光卖得掉，卖掉后，钱收不回来也不行。另外，收得回来，还要有比较好的效益，不能赔本。

第二是技术。你的技术是不是最先进的，你做的产品能不能引领并进一步拓展市场，为用户带来更大的利益，这点非常重要。一个新技术不光要好，而且价格要低，性价比决定了产品的前途。

第三是管理。现代的企业，管理已经越来越精细化，所以管理也一定要适合各自的企业。目前，远东集团拥有遍布全国的销售网络，很多优秀的营销管理人才都在外面，靠一个老总或者几个人来管理是很难的。所以，蒋锡培赋予他们的权力非常大，他们对老总直接负责，对全国的经营进行监督，使得企业更加规范、有效、健康。

读完了蒋锡培创业的经历，我们不由得产生这样的想象：31 年前，如果蒋锡培考上了大学，分进了机关，端起了"铁饭碗"，还会有今天的远东吗？或者如果蒋锡培赚足了 5 万元之后，便把钱存在银行里，专门吃利息，还会有今天的远东吗？如果蒋锡培听不到或者对那条电缆信息比较麻木，还会有今天的远东吗？我们不得而知，历史不可复制，也不容我们假设。但从蒋锡培的身上，我们却看到了那种永不满足的精神。

第十三章
将执行力进行到底

日本软银公司董事长孙正义曾经说过："三流的点子加一流的执行力，永远比一流的点子加三流的执行力更好。"这句话是很有道理的，因为即使你有好的点子，但如果不付诸行动，你永远也不会取得成功。所谓的执行力，就是把想做的事做成功的能力。有执行力的企业，会依照企业的发展战略按期实现经营目标；有执行力的个人，会根据自己的成长计划或职业规划，以切合实际的行动按期获得晋升或加薪。可以这样说，执行力就好比汽车的引擎，驱动着人们向前奔跑，直至到达自己的目标。

人生的真正欢乐是致力于一个
自己认为是伟大的目标。

——萧伯纳

1. 不要幻想天上掉馅饼

每个人的一生，其实都有很多可以实现梦想的机会。遗憾的是，很多人只是一味地等待天上掉馅饼，甚至真有"馅饼"掉下来时，他们也不愿意伸出手去接住，错过了很多本来应该属于自己的机会，结果只能是白白地虚度一生。

有一个人，整天都梦想着自己有一天能够获得很多的财富，在社会上享有很高的声誉，并且娶到一位漂亮的妻子。有一天晚上，这个人碰到了一位神仙，神仙告诉他说，他的这些梦想在不久的将来就会有机会实现了。

这个人听了神仙的话，十分高兴，于是就每天在家里等着，希望自己的梦想早日实现。然而，一年过去了，两年过去了，五年过去了……他整整等了一辈子，却什么也没有发生。最后，他在穷困中孤独地死去了。

他到了西天后，又看到了那位在梦中曾经见过的神仙，于是便生气地质问神仙："你为什么要骗我？你说过要让我实现自己的梦想，可是我等了一辈子，却什么也没有等到。"

神仙回答道："我是说过给你实现梦想的机会，可是很遗憾，这些机会你却一个也没有抓住。"

那个人很迷惑，不解地问道："你说什么？我不明白你的意思。"

神仙反问道："你还记不记得，有一次你曾经想到一个很好的点子，可是你却没有行动，因为你怕失败而不敢去尝试？"

那个人听了，点点头。

神仙继续说："你知道吗？因为你没有采取任何行动，几年后另外一个人得知了这个点子，他果断地采取了行动，你可能还记得他吧，他就是后来变成全国最有钱的那个人。还有，你应该还记得，有一次城里发生了大地震，整座城里有一大半的房子都被地震摧毁了，很多人被困在那些倒塌的房子里，你本来可以去救出他们的，可是你却害怕小偷会趁你不在家的时候，到你家里去偷东西。你是不是以此作为借口，故意忽视那些需要你帮助的人，而只是守着自己的房子？"

那个人听了，不好意思地点点头。

神仙说："那可是一个机会呀，如果你这次伸出了自己的援手，救出那些被困的人，这将使你在城里得到多大的荣耀啊！"

神仙又接着问道："此外，你还记不记得，有一位头发乌黑的漂亮女子，你很爱她，你从来就没有这么深爱过一个女人，而且在她之后你也没有再遇到过像她这么好的女人？可是你却担心她不会爱上你，更不可能会嫁给你，所以不敢向她表白，从而错过了你们之间的这段缘分？"

那个人又点点头，只是这次他流下了眼泪。

看到这，神仙无比惋惜地说："我的朋友啊！你知道吗？她本来应是你的妻子呀，你们结婚之后，她会给你生下几个可爱的孩子，而且只要跟她在一起，你的人生就会充满乐趣。"

我们的身边，其实也都会围绕着很多的机会，包括成功的机会、爱的机会。可是，我们为什么也像故事中的那个人一样，总是没能抓住这些机会，从而实现自己的梦想呢？那是因为我们只知道一味地等待，一味地抱怨，却唯独忘记了充实自己，丰富自己的内涵。所以，每当机会降临到我们身上的时候，我们要么因为害怕失败而不敢有任何的行动，要么因为自己能力不够而错失了机会。

每个人都希望自己的人生是平坦的，生活是顺利的，谁也不想去接受那种折磨式的历练。然而，这些折磨式的历练却没有因此而不降临到我们我们的身上，就像大地不会因为人们怕远而不再宽广，冬天不会因为人们怕冷而不再寒冷一样。而我们作为被动的承受者，除了接受，没有其他更好的办法。

当然，如果我们不想就此妥协，那就请拿出我们的智慧，拿出我们的执行力，化腐朽为神奇吧，人生将因此而走向美丽。要知道，在人生的路上，每一个看似很低的起点，其实都是通往更高峰的必经之路；每一次看似无奈的转折，其实都是老天赐给我们的宝贵财富！

2. 把执行力当成一种意识

有一家公司新招了三名大学生，这三名大学生分别是小王、小周和小李。但是，在试用期间，公司并没有给他们安排具体的工作，只是让他们自己找活干。

小王从一开始就坚持早上班、晚下班，把办公室收拾得井井有条。这期间，他通过仔细地阅读公司的规章制度，很快熟悉了公司的各项业务流程。他每天友好地跟每一位员工打招呼，遇事就向老员工请教。没有多久，大家对他都很信任，有什么事情都会请他帮忙。

小周一开始也能像小王那样，认真地做一些微不足道的事情。但半个月后他就觉得没什么意思了，因为他觉得自己对于公司来说可有可无，还不如上网复习功课，以便今后继续考研。所以，此后他都赶着点踏进办公室，所做的第一件事就是打开电脑上网。

小李能找到的活是倒水和扫地，但他觉得这实在不是自己这个大学生应该干的活，同时也害怕自己的价值会在这些琐碎事情中被埋没了。于是他抱着混一天算一天的想法，每天一上班就以看报纸、上网等来打发时间。

两个月后，小王成为公司的正式员工；小周被辞退，他宣称要去考研；小李则重新扎进人才市场。

从这个故事中，我们可以看出，三位大学生其实都是有志青年，只可惜除了小王之外，其他两位都没有执行的意识，结果被公司请了出去。

实际上，把执行力当做一种意识是一件很简单的事，有时候甚至简单到多说一句话，多写一行字。

全球最大的石油公司——标准石油公司的一个小故事，被列入许多 MBA 教材。该公司曾有一个普通员工叫阿基勃特，被人们戏称为"每桶4美元先生"，因为他在工作期间，养成了一个习惯，只要签名时，他都要在自己的名字下方写上"每桶4美元的标准石油"一行字，以推销公司的产品。他出差住旅馆时这样签，给客户留姓名时这样签，甚至领工资时也是这样签。渐渐的，阿基勃特的名字也开始传到公司董事长的耳朵里。阿基勃特于是很快被董事长召见，之后不久，阿基勃特便不断地被董事长委以重任，直到最后成为标准石油公司第二任董事长。

阿基勃特每次签上去的"每桶 4 美元的标准石油",看上去虽然微不足道,却充分说明,他是一个有很强执行意识的人,而标准石油公司董事长所看中的,恰恰是他的这一点。

当然,把执行力当成一种意识,这种意识要贯穿于执行的始终。首先,你得有正确的决策,有明确的目标;其次,要有明确而具体的行动方案,包括时间规划和工作程序;最后,要有灵活的能动性,对具体问题作具体分析,并采取与之相适应的合理行动。

有一个美国出版商,为一批滞销书脱不了手而苦恼不已。当他看到总统在电视里大谈如何读书时,忽然心生一计,就给总统寄去一本书,并再三写信征求意见。总统见此人纠缠不清,吩咐秘书回了一句话:"这本书不错。"出版商收到信后大作宣传:"现有总统认为不错的书出售。"于是这本书被一抢而空。

不久,出版商又有书卖不出去了,他故技重演,又给总统寄去一本书。总统上过一回当,就特意奚落他:"这书糟糕透了。"出版商收到信后,灵机一动又宣传说:"现有总统认为糟糕透顶的书出售。"人们出于好奇,又把书一抢而空。

出版商第三次遇到麻烦,还是给总统寄去一本书。总统吸取上两次教训,不再作任何反应。一段时间后,出版商居然贴出广告说:"现在有令总统难以下结论的书出售。"总统哭笑不得,出版商却大发其财。

出版商的目标是把滞销书卖出去,策略是利用总统声望,方案是把总统的反应拿来做广告。但是总统并没有按出版商的愿望行事,于是出版商在执行中灵活应变,最终获得了出人意料的效果。

3. 把执行力当成一种意志

1978 年,美国汽车行业爆发了两条大新闻:一是福特二世正式宣布解聘李·亚柯卡,二是李·亚柯卡正式加盟"遭到空前严重亏损"的克莱斯勒汽车公司。

李·亚柯卡是何许人?其实,早在 1964 年,他就成为美国《时代》和《新闻周刊》的封面人物,而且在 1970 年登上福特汽车公司总裁的宝座。

而此时，李·亚柯卡所要面对的是，克莱斯勒公司历史上最大的赤字——公司仅第三季度就亏损约 16 000 万美元。

"没有退路了，既来之，则安之吧！"李·亚柯卡这样想着。

然而，更让他极为震惊的是，两三个月之后他发现，克莱斯勒公司的现金已经快枯竭了！

李·亚柯卡意识到，自己必将是这场挽救克莱斯勒之战的将军。当然，他不能孤军作战。在艰苦的岁月时，只有合作，才能最终战胜困难。

于是，李·亚柯卡进入克莱斯勒后，所做的第一件事就是把自己的年薪降为 1 美元。而李·亚柯卡之所以这样做，目的只有一个，那就是树立起一个让高层管理人员跟从的榜样。他认为高层管理人员都是肥猫，而底下的工人则被勒得喘不过气来。李·亚柯卡对他们说："实际上，现在你们见到的是一些皮包骨头的猫，是不是？那么你们还有什么好说的呢？"接着，他便开始给中高层管理人员降薪。

之后，李·亚柯卡又开始做工会的思想工作，并成为工会的朋友。然而，一年之后，克莱斯勒公司的情况却更糟糕了，李·亚柯卡不得不再次去找工会。在和工会协商完之后，已经是晚上 10 点多钟了，李·亚柯卡临走时对他们说："你们可以等到明天早上再作出决定，要是你们不帮助我解决问题，明天早上我就宣布克莱斯勒公司破产，到时候大家都会失业。你们现在还有 8 个小时的思考时间，到时候你们就看着办吧！"

后来，克莱斯勒公司的员工作出很大的让步，让每小时 1.15 美元的现金从他们的工资单里消失，并在减薪一年半之后，将这个数字增至每小时 2 美元。在 19 个月中，克莱斯勒的一般员工每人都少拿 1 万多美元的工资。

1980 年，公司的情况依然没有好转，李·亚柯卡又跑到每一个工厂去直接找工人谈话。在一系列的集会上，李·亚柯卡频频向自己的员工致谢，感谢他们在这些艰苦的岁月里一直默默地坚持。

然而，克莱斯勒公司的危机却仍然一个接一个地到来。在那段日子里，李·亚柯卡整天和几百甚至几千个人握手，每一天对他来说都是那样的漫长和可怕。当然，那些在生产一线的工人也想过来拥抱他，送给他一些礼物，或者让他知道，他们一直都在为他祈祷，因为是他保住他们的饭碗。

在这段艰难的岁月里，曾经有一个名叫莉连·泽瓦的女维修员在厂报上发表一篇文章，激励自己的同事要振作起来。李·亚柯卡很快便给她寄出一封信，告诉她，自己是多么喜欢她的那篇文章，并邀请她到自己的办公室来。那天，莉连·泽瓦带来了自己烤的蛋糕和啤酒。不管她是怎么烤的蛋糕，李·亚柯卡仍然觉得，这是他平生吃到的最好的蛋糕。

终于，到 1983 年春时，克莱斯勒公司可以发行新股票了，而且当年的实际利润就达到 92 500 万美元，远远超过克莱斯勒公司以往的最高利润。巧合的是，当李·亚柯卡于 1983 年 7 月 13 日宣布克莱斯勒公司已还清政府的 12 亿贷款时，正是五年前他被福特二世辞退的日子。

1984 年，克莱斯勒公司净利润高达 24 亿美元，克莱斯勒公司终于再次腾飞起来，而且飞得更高、更远。

李·亚柯卡无疑是企业界的英雄，因为当企业面临危难时，只要出现他的身影，大家就可以放心。其实，李·亚柯卡挽救企业的策略很简单，那就是把执行力当成一种意志，然后始终如一地贯彻下去。而现在的许多企业家，是否还会有李·亚柯卡的福气——能够吃到员工亲自做的蛋糕呢？

4. 把执行力当成一种文化

俗话说："雁过留声，人过留名。"每个人都努力要让自己的言行给别人留下好印象，因为好印象有利于增强信赖感。老板在员工心中有好印象，可以调动员工的工作热情；员工在老板心中有好印象，可以获得晋升和加薪；员工之间互相有好印象，可以增进合作、提高效率……正如老子所言："美言可以市尊，美行可以加人。"一个"美"字，实际上代表了你良好的素质和形象。

那么，我们如何把这个"美"字转化成执行力中的文化呢？

王永庆 16 岁时开了一家属于自己的小米店。可是新开张的小本生意，有什么办法引起别人的注意呢？他知道当时市面上出售的大米掺杂有稻壳、沙粒和小石子，人们已经见怪不怪。于是他细心拣出大米中的全部杂物，贴出告示说自己卖的是干干净净的大米。这一招引来了第一批买主，王永庆把他们的姓名、住址详细记录下来，挨家挨户送货上门。上门之后，王永庆就进一步了解到买主的家庭情况，知道所买的米能吃多久，到米将要吃完时，他又送货上门。特别让买主满意的是，王永庆每次送货时，先把剩米倒出来放在一边，等把新米倒进去后，再把剩米倒在新米上面，让主人先吃掉剩米，而不至于让剩米永远压在下面变质。几年下来，王永庆的生意做得红火，就办起了碾米厂，逐步有了资金积累，最后成为台湾商界第一人。

王永庆为什么能成功？在他只有 16 岁时，就知道要把事做好，就得先把人做好；而要把人做好，就得想办法让顾客接受自己；而要让顾客接受自己，就必须设身处地地为顾客着想，并满足顾客的需求。王永庆的这种做法，实际上是把执行力提升到了一个文化的层次，所以他成功了。

全球最大的连锁零售企业沃尔玛，不仅在美国做到最大，而且在世界各地落地生根，成为当地的优秀商家。而它的成功，也源于对文化的成功运作。

1945 年，沃尔玛的创始人山姆·沃尔顿以专卖 5~10 美分的小商品起家，到 1962 年开第一家连锁性质的沃尔玛，这中间经历了长达 17 年的探索。无数次的失败与奋起，让他确立了从事这个行业的根本价值观——"尊重个人、服务客户、追求卓越"。尊重个人，就是以开放的态度待人，让员工成为公司合伙人；服务客户，就是把客户当成真正的老板，强调"三米微笑原则"；追求卓越，就是遵循"日落原则"，力求事不隔夜。由此，沃尔玛形成了一个倒置关系的金字塔：真正的老板——顾客；公司合伙人——员工；服务人员——各层经理。比如，一年以上工龄的员工，只要年内工作超过 1000 小时，就可以在工资之外获得公司利润分成。而且从总裁到最下级的经理，没有职务标志，员工可以直接和包括总裁在内的各级管理者直接讨论工作。在这样一种文化氛围中工作，员工的积极性和创新精神自然得到较好的发挥。同时，为了实现对客户的"天天低价"承诺，员工会自觉节约成本。最为成功的是，只要顾客走进沃尔玛，就无时不见到一张张可爱的笑脸。这样，顾客自然就会把沃尔玛当成购物的天堂。

当然，执行力文化，说起来好像很简单，但真正要做好，却有很大的难度。那么，作为企业的领导，应该如何在现实的管理中提升执行力呢？我们不妨从以下几个方面入手：

第一，作为管理者，一定要对执行力有一个正确认识，不要把执行不力的原因都归咎于下属办事不力。因为执行力不仅仅是执行者的事情，它是由授权者、执行者和事件组成的一套完整系统。

第二，把执行力培养成企业文化的组成部分。企业文化是一个从强制到自由自主的过程，执行力也是如此，当执行的文化渗透到每个员工的思维里时，执行力也就自然而然地得到了提升。但是，应该如何把执行力培养成一种文化呢？关键是要在一开始的时候，就必须以制度的形式，把员工的工作程序给规范起来。而且这种规范必须清晰明确，责任分明。比如，当领导要交代下属做事的时候，必须把相关事宜交代清楚，让员工把工作任务理解到位，然后再行动，并把这种规范养成习惯。

第三，要根据不同的工作性质安排合适的人去执行。因为执行的最终是需要一个结果的，同一件事情，安排不同的人去执行，就会出现千差万别的结果，所以必须选对合适的人选，才能保质保量地完成任务。另外，如果让一个能力很强的人去做一件很简单的事，那简直是在浪费资源，他还不一定会把事情做好；而如果安排一个能力比较差的人，去做一件很重要的事情，也同样会误事。所以，作为管理者，一定要根据工作的性质和难易程度来选择合适的人选，才能确保执行力的提升。

5. 把执行力当成一种科学

很早以前，在美国阿拉斯加，有一对年轻的夫妇，妻子在生产时因难产而死。这样，丈夫既忙于养家，又要照顾年幼的孩子。因为没有人帮忙看孩子，于是他就养了一条狗，并开始对那条狗进行训练，聪明的小狗很听话，开始帮主人照顾小孩，而且还会咬着奶瓶给孩子喂奶。有一天，主人出去办事，叫小狗在家照顾好孩子。当天晚上，由于下起了大雪，主人不能回来，直到第二天才赶回家。听到主人回来的脚步声后，小狗立即出门迎接主人。但当主人打开房门时，却发现屋里到处都是血。抬头一看，床上也是血，孩子已经不见了，而小狗也满口是血。主人看到这种情形，以为小狗一定是兽性发作，把孩子给吃掉了。于是，他在大怒之下，拿起刀来对着小狗的头部一顿猛劈，把小狗给杀死了。

然而，当主人正在为失去孩子而悲痛时，却忽然听到孩子的声音，然后看见孩子从床底下爬出来，主人迅速地抱起孩子。这时，他发现，虽然孩子身上有很多血，但却并未受伤。他很奇怪，不知究竟是怎么一回事，于是他再看看被自己杀死的小狗，才发现小狗腿上的肉没有了；而旁边还躺着一只已经死去的狼，嘴里还咬着狗的肉……

原来，小狗是为救了小主人，与狼进行了搏斗。但最后却被主人给误杀了……这真是天下最令人惊奇的误会。而这个误会之所以发生，并造成了无法挽回的悲剧，主要原因是那个主人在不了解、无理智、无耐心、缺少思考的情况下，作出了错误的执行。主人对狗的误会，都会产生如此可怕的严重后果，而人与人之间的误会，后果就更是难以想象了。

从上面的这个故事中，我们可以得出这样一个结论，如果执行力不遵循科学规律，那么执行力越强，造成的后果就越可怕。故事中的男主人，如果他执行力很差，暂时放过了那条小狗，又或者他多发一会儿呆，只要听到孩子的声音，那么就可以避免悲剧的发生了。所以，科学的执行力，必须需要我们时刻反省自己，并多方体谅对方，不要认为千错万错都是对方的错。从这个故事中，我们还可以退一步来分析，当那个主人让小狗在家里照顾孩子的时候，他是否给小狗准备了足够的食物呢？他平常对小狗的训练，是否真的让小狗达到了宁愿自己饿死也要保护好小孩子的忠诚度呢？所有的这些，如果他稍微反省一下自己，后果也不至于这么严重了。

春秋时期，在孔子和他的学生子路之间，曾经发生了一个很有趣的故事：当时，子路被国君派到一个叫蒲的地方做"宰"（相当于现在的行政长官）。有一年夏天，天降大雨，子路担心如果洪水不能及时得到疏导，就容易造成水患，于是子路就带领当地的民众开始疏通河道，修理沟渠。子路看到百姓们除了修理沟渠，还有很多繁重的体力劳动，觉得他们非常辛苦，于是拿出自己的俸禄，给大家弄点吃的。孔子听说这件事之后，赶紧派子贡去制止他。因为在当时，周济百姓是国君做的事情。子路做好事被制止之后，十分生气，于是就怒气冲冲地去见孔子，说："因为天降大雨，我恐怕会造成水灾，所以才组织百姓搞这些水利工程；我又看到他们非常劳苦，有的饥饿不堪，才给他们弄点粥喝。但您却让子贡去制止我，那不是制止我做仁德的事情吗？您平时总是教我们仁啊仁的，现在却不让我实行，我以后再也不听您的了！"

孔子听后，平静地对子路说："你要真是可怜老百姓，怕他们挨饿，为什么不把他们的情况汇报给国君，用官府的粮食赈济他们呢？你现在把自己的粮食分给大家，不等于告诉大家，国君对百姓没有恩惠，而你自己却是个大大的好人吗？你要是现在停止还来得及，要不然，国君一定会治你的罪呀！"

从这个故事中，我们也同样可以看出，子路是一个执行力很强的人，他看到天降大雨，能够及时组织民众疏通河道；他看到民众很劳累和饥饿，不仅可怜他们，还拿出自己的粮食来分给他们。但是，他只知道往好的方面想，却不知道自己做的事情是否顾全了大局，所以孔子才会制止他。由此可见，孔子所说的"不在其位，不谋其政"是很有道理的，作为一个执行者，更要遵循这一原则。否则，如果看不清自己的位置，越俎代庖，那就很危险了。

在现代的企业管理中，执行力更应该讲究科学性。曾经有人把中国的技工和日本的技工作一个很鲜明的对比：中国的技工在拧螺丝的时候，一般都是把螺丝放在口袋里，然后掏一个拧一个；而日本的技工在拧螺丝的时候，跟我们中国的技工是完全不一样的，他们是把螺丝全掏出来，放在一张白纸上，然后才开始拧，这样就不会出现漏拧螺丝钉的情况。很多人可能会认为，这些小事有什么可以比的呢？这不是小题大做吗？但实际上，我们往往忽略了，在生产的过程中，很多事故的发生都是因为漏拧螺丝钉造成的。所以，从拧螺丝钉这样一个细微的动作中，我们就可以看出职业素养上的差别，也看到了我们跟发达国家还存在很大的差距。而这个差距恰恰是执行力体系的差距。

所以，只有制定一套完善科学的执行程序，执行力的提升才能有所保障。那么，一套完善的执行程序应该包括哪些环节呢？

第一，执行的目标一定要清晰。也就是说，目标是可以度量、考核和检查的，千万不能模棱两可，而且最好能够将企业的奖励制度和执行力联系起来。

第二，要有明确的执行时间表。一旦经过讨论决定了的事情，一定要明确什么时候开始执行。更为重要的是，管理者一定要知道什么时候结束。如果只知道什么时候开始，却不知道什么时候结束，那就往往会出现这样两种结果，一种是虎头蛇尾，另一种是永远有完不成的任务。

第三，要有先后顺序的概念。当有很多事情需要处理的时候，一定要分出轻重缓急。最好能够用 80% 的时间去处理那些重要的事情，而把 20% 的时间用来处理琐事。

第四，指令一定要明确、简洁。比如，交代下属去购买一台笔记本电脑时，要把需要购买的电脑的牌子、内存、硬盘、大小、颜色、大致价格等交代清楚，否则等下属买回来之后，才发现不适合自己的需要，然后再回去换，不但会白白地浪费很多时间，而且还会打击下属的积极性。

第五，要及时跟进。不要以为把制度定好，或者把事情交代下去就万事大吉了。因为管理的问题不能形而上学，不能光靠下属自我督导和自我管理，所以过程还是要关注，必要的时候还要进行督促和指导，才能确保任务的顺利完成。就像我们在上文中所讲的孔子和子路的故事一样，如果子路出去做官之后，孔子就撒手不管了，让他自己胡来，那后果就不堪设想了。当然，在跟进与控制的过程中，也要讲究一定的技巧，并表现出自己的耐心，不要让下属觉得自己不信任他们。

案例　"中国第一 CEO" 张瑞敏：没有执行力就没有生命力

一位优秀的管理者，一位优秀的企业家，必须具备卓越的执行能力。实践也一再证明：一个善于将理论与实践相结合的人，才是真正优秀的管理者和企业家。而让我们感到欣慰的是，目前中国已经涌现出一批这样的企业家，而在这些优秀的管理者中，"中国第一 CEO"、海尔集团首席执行官张瑞敏无疑是其中的佼佼者。因为他不但把企业的经营管理放在理论的层面进行深度的思考与总结，而且几乎也是一个完美的执行者。可以这样说，海尔今天的成功，与张瑞敏卓越的执行能力是分不开的。那么，从张瑞敏卓越的执行力中，我们可以学到什么呢？

把不合格的冰箱全部砸掉

1985 年的一天，有一位客户买了海尔的一台冰箱后，没过多久就反映这台冰箱的质量不合格。张瑞敏知道这件事后，便下令把库房里的 400 多台冰箱全部检查了一遍，结果一共发现有 76 台存在各种各样的缺陷。张瑞敏于是把职工们叫到车间，问问大家怎么处理这件事。此时，大多数人提出，反正这些冰箱没太大的毛病，也不影响使用，干脆便宜点儿处理给内部职工算了。当时一台冰箱的价格为 800 多元，相当于一名职工两年的收入。

但张瑞敏却说："我要是允许把这 76 台冰箱卖了，就等于允许你们明天再生产出 760 台这样的冰箱。"于是，张瑞敏当即宣布，把这些冰箱全部砸掉，谁干的谁来砸，并抡起大锤亲手砸了第一锤！很多职工在砸冰箱的时候，都流下了眼泪。

砸完之后，张瑞敏又说："长久以来，我们一直有一个荒唐的观念，把产品分为合格品、二等品、三等品还有等外品，好东西卖给外国人，劣等品出口转内销自己用，难道我们天生就比外国人贱，只配用残次品吗？这种观念助长了我们的自卑、懒惰和不负责任的行为，难怪人家会看不起我们。从今往后，海尔的产品不再分等级了，有缺陷的产品就是废品，把这些废品都砸了，只有砸得心里流血，才能长点儿记性！"

在接下来的一个多月里，张瑞敏发动和主持了一个又一个会议，讨论的主题也非常集中，其核心内容就是"如何从我做起，提高产品质量"。

三年后，海尔终于捧回了我国冰箱行业的第一块国家质量金奖。

"既济"与"未济"

在海尔总部青岛创牌中心的南广场上，有两个一红一蓝《周易》的卦象，南边的红色卦象是"离"（火），寓意着红火和光明；北边的蓝色卦象是"坎"（水），寓意着艰险和暗淡。而将这两个挂象进行组合之后，正好组合出《周易》六十四卦中的最后两卦——"既济"和"未济"！

从南向北望去，看到的是"离"前"坎"后（即离下坎上），这是《周易》的第六十三卦——"既济"，寓意着成功和光明。但只要再稍微观察，便不难看到，"离"光明之后便是"坎"艰险，说明成功和危险是并存的。因此，孔子在解释这一卦时，是这样告诫人们的："既济，君子以思患而预防之！"意思是说，当你获得成功时，危险就已经潜伏在旁边了，如果你没有意识到成功背后所潜藏着的危机，并做好预防，离失败就已经不远了。

从北向南望去，人们看到的是"坎"前"离"后（即坎下离上），这是《周易》的第六十四卦（即最后一卦）——"未济"，寓意着艰险和尚未成功。这一卦提醒人们，艰险的后面是"离"光明。因此，孔子在解释这一卦时，是这样鼓励人们的："未济，君子以慎辨物居方。"意思是说，当你处在困境当中时，千万不要轻言放弃，更不要自暴自弃，因为只要想办法突破眼前的困境，成功就已经在前面等你了！

张瑞敏知道，"既济"和"未济"不但是《周易》的最后两卦，同时也是《周易》六十四卦中的点睛之笔。而且，这两个卦象还道出了世间一切事物发展的规律——成功之后是艰险，而艰险之后是成功。

张瑞敏之所以这样做，是想以此时刻提醒自己：获得成功时，不要忽略背后潜藏着的危机；面对困境时，要敢于突破，迎来成功。这实际上也是海尔目前所面临的两个问题：如果仅仅站在中国的角度上来看，海尔是"既济"；但如果站在全球的高度上来看，海尔则是"未济"。

"法"、"术"、"势"的完美结合

"法"、"势"、"术"是先秦思想家、法家的集大成者韩非子一生追求的政治抱负，他的这些学说主要是为统治者创建一套完善而行之有效的"王者之道"。韩非子还告诫君主，只有将"法"、"势"、"术"这三种武器有机地配合使用，才能达到耗时短、见效快、投入少、收获多的效果。后来，秦国的胜出，也验证了韩非子所言非虚。

社会发展到今天，法家的"法"、"势"、"术"这三种武器的用处越来越广，甚至被一些企业家奉为管理宝典。比如，张瑞敏就曾说过："用孔子的思想做事，用老子的思想做人，用韩非子的思想做企业管理。"可见，韩非子的思想在企业管理中的作用是多么的重要。

那么，海尔在建设营销渠道的过程中，是如何运用"法"、"势"、"术"这三种武器的呢？

张瑞敏经常告诫员工的一句话是："生于忧患，死于安乐。"而他的这句话也被当成是海尔企业文化的核心内容之一。此外，在海尔集团的内部，员工们传阅着两幅主题为"适者生存"的漫画：

一幅是老鹰喂食的故事。众所周知，老鹰是所有鸟类中最强壮的种族，而老鹰之所以是鸟类中最强壮、最凶猛的一种，这主要与老鹰的喂食习惯有关。一般情况下，老鹰一次会生下四五只小鹰，由于它们的巢穴筑得比较高，所以老鹰捕猎回来的食物，每次只能喂食一只小鹰，而且，老鹰给小鹰的喂食方式并不是公平的，而是哪只小鹰抢得最凶，就把食物给谁吃。在这种情况下，那些瘦弱的小鹰由于抢不到食物，很快就饿死了，只有最凶狠的那只小鹰存活下来。就这样代代相传，老鹰一族才越来越强壮。另一幅漫画是狮子与鹿的对话，狮子说："我现在虽然十分强壮，但如果我不奔跑捕食，明天就会和你一样软弱无力。"鹿则对狮子说："正因为有你的存在，才使我的生命受到威胁，为了不让你把我吃掉，我必须不停地向前奔跑。"

这两幅漫画，其实也正是海尔激励制度的真实写照，即"升迁靠竞争，末位要淘汰"。同时也告诫所有的企业：不管什么时候，这个社会都是一个适者生存的社会，如果一家企业没有强烈的危机感和竞争意识，最后必将成为失败者。而一家企业如果没有适当的竞争制度，那么在激烈的竞争环境中，也将会遭到必然的淘汰。不管是强者还是弱者，都无法避免这一规律。

张瑞敏认为，做企业最忌讳的是麻木不仁，因为只要企业的领导麻木不仁，那么企业离倒闭就不远了；最害怕的是没有自知之明，因为只要企业的领导没有自知之明，就会将企业带入万劫不复的境地。因此，应该说，作为海尔人是很幸运的，因为海尔不但拥有一支勇于开拓的团队，而且还拥有善于反思、不断反省的领导。不管怎么说，只要找到问题的根源所在，解决的方法也就不难找到了。

活学活用

有一次，张瑞敏不知道从什么地方找到了一本管理大师德鲁克的原著《卓越有效的管理者》，他如获至宝，通宵达旦地研读起来。正如他后来所回忆的，他感慨德鲁克先生就像自己的一位同事，虽然与自己所面对相同的事实，却从不同的视角说出了他不曾想到的新理念。面对变幻莫测的市场和全球化竞争的困惑，张瑞敏从书中获得了不少颇有价值的启示。

张瑞敏不是科班出身，但却很会读书。他既不生搬硬套，也不妄自尊大，而是从中不断地领悟和思考，遇到有新的感悟就积极实践。比如，他发现德鲁克讲道："管理得好的工厂，总是单调乏味，没有任何激动人心的事件发生。"一开始，他和所有读过这本书的人一样，十分费解，但善于思考的他马上认识到有效管理的重要性，认识到有效就要防患于未然，就是将例外管理变成例行管理。那时，很多人认为，所谓好工厂的标志就是要轰轰烈烈，要激动人心。但张瑞敏没有随波逐流，而是认真仔细地琢磨，终于领悟到精髓之所在：那些在突发事件中表现英勇的人和事的确激动人心，但企业需要的不是停留在对这些英雄人物大张旗鼓的表彰上，而是要扎扎实实建立避免发生这类突发事件的机制。不仅如此，他还会同公司高层，经过反复摸索与尝试，创立了著名的"日清"工作法，即"日事日毕，日清日高"。将每项工作的目标落实到每人、每天，形成"事事有人管，人人都管事"的文化氛围。

不仅如此，当张瑞敏读到大师关于组织的管理效率时，很快理解了依靠原有的组织体系难以适应新的变化，必须要靠组织和个人以速度为前提，共同推进管理的有效性。即是，没有组织和个人在管理上相辅相成的有效性，就难以应对信息化时代的挑战。深刻认识到信息化时代管理的有效性的特征主要体现在速度上，因为是流通制约制造，速度至上，谁赢得了用户，谁就赢得了一切。

越读越有收获的张瑞敏，还从大师关于"在组织内部不会有成果出现，一切成果都是发生在组织外部"的论断中找到了解决方案。他意识到，必须改变过去那种组织与市场的割裂，个人只听命于内部上司，而不去面对外部用户的问题。想到不难，做到不易，张瑞敏是一个善于读书敏于行动的人，他很快就将融会贯通的研读心得付诸实际。早在10年前，海尔就开始了市场链流程再造，这为后来中国企业实施流程管理树立了标杆。在组织再造上，海尔变直线职能金字塔式的组织结构为扁平化的结构，减少管理层次，以努力实现企业与市场之间的零距离；在人员再造上，海尔又将管理人员变成SBU（策略事业单位），即每个管理者都是一个独立作战的经营体，每个人都有自己的目标市场和市场目标，自主制订自己的市场策略，以最快的速度去创造新的市场、新的需求。

如果说学以致用是张瑞敏的读书成果，那还远远低估了他读书的价值。因为当张瑞敏读到大师关于"有效性虽然人人可学，但却无人可教"时，他似乎与大师真正有了心灵感应，恰似心有灵犀一点通。他明白了德鲁克是想告诉大家，有效性是可以学会的，但不是可以教会的。这里的学，是指一种主动性行为；这里的教，是指过去施教于企，那种十分被动的教化方法。聪明的张瑞敏深刻领悟到了主动性学习的真谛，并乐此不疲。

一本书读完，除了理解原创精神外，更重要的是要结合实际去应用。正是张瑞敏的活学活用，使一个濒临倒闭、开不出工资的集体小厂，不仅迅速扭转了亏损，而且提高了整体管理素质，解决了当时在管理上普遍存在的无效、无序的问题。在他看来，每一个管理者都必须学会有效性，这是成为一名有效的管理者的必经之路。

难能可贵的是，张瑞敏还就自己有关如何学习有效性，分享了他的心得，并结合自己的深刻体会，提供了全新的解决之道："创新—求是—创新"。即后来张瑞敏总结的，在以提高学习有效性的目的下去创新，再将创新的成果，以求是的态度去探索其中规律性的东西，并在这个规律的指导下，向更高层次的创新冲刺，以求在不断学习有效性的过程中成为一名卓有成效的管理者。他谆谆告诫我们："你既不挑战自己的目标，又不去应对市场的挑战，就不会有学习有效性的动力和压力。你想学习有效性，但又不肯在实践中去思考问题背后的问题是什么，不去探索创新的路径，企图找一个捷径，等待别人教给你一个现成的理论或模式，那你一定与有效性无缘。"

在这个世上，恐怕没有哪一种力量，能够比执行力更强大和更具体了。而一家企业，如果能够将执行力始终如一地坚持下去，就必然会形成一种感召力，并由此产生强大的凝聚力和竞争力，使企业能够持续不断地进步。毫无疑问，由张瑞敏所领导的海尔集团，就是这样的一家企业。

第十四章
培养自己的核心竞争力

何谓核心竞争力？《哈佛商业评论》曾经对核心竞争力作出过一个权威的定义："是在一组织内部经过整合了的知识和技能，尤其是关于怎样协调多种生产技能和整合不同技术的知识和技能。"很显然，知识与技能不是核心竞争力，只有能够协调和整合知识与技能的知识与技能才是真正的核心竞争力。由此我们可以看出，所谓的核心竞争力，实际上是一种难以被竞争对手所复制和模仿的竞争能力，这种能力可以使一个人或者一个团队能够在很长的一段时间内获得竞争的优势。那么，作为职场中人，我们应该如何培养自己的核心竞争力，并提升自己的核心竞争力呢？

我所享有的任何成就，完全归因于对客户
与工作的高度责任感、不惜付出自我而成
就完美的热情，以及绝不容忍马虎的想法、
草率粗心的工作，与差强人意的作品。

——李奥·贝纳

1. 找出自己的特长

曾国藩曾说："世上没有庸才，只有放错了岗位的人才。"从根本上讲，别人无法把你束缚在错误的岗位上，能这样做的，只有你自己。

俗话说"男怕入错行，女怕嫁错郎"，但在今天来看，不仅仅是男性，女性也是怕入错行的。那么，如何让自己入对行呢？首先必须做到的，就是"认识你自己"。别看这几个字看起来很简单，但要真正做到可不是一件容易的事，所以它曾经作为象征世间最高智慧的阿波罗神谕，被镌刻在古希腊阿波罗神殿的石柱上。当然，我们没有必要让自己像哲学家一样，通过"我们从哪儿来，到哪儿去"的思索来认识自己。我们需要做的，就是发现自己的兴趣和特长，而且发现得越早，成功得越快。

然而，有很多人当被问到渴望从事什么职业时，他们常常抱着无所谓的态度，既对前途感到迷茫，又不知道自己到底喜欢做什么。

事实上，当你在选择一份职业的时候，你首先要做的不是研究你能够从中得到什么，而是你的特长和兴趣是什么。俗话说，兴趣是最好的老师，你只有在你的兴趣范围内做事才能充满热情，才会认真，也更容易获得成功。

所以，从踏入职场的那一刻起，你就应该积极寻找自己的特长和兴趣，充分发挥自己所有的潜力，做自己感兴趣、最有激情和最擅长的事情。这样，你会带着极度的兴奋和长久的兴趣沉醉在其中，自然也就很容易获得成功，并从中体会到快乐和满足感。相反，如果做一件没有兴趣的事情，你会感到时间很难打发，即使靠着资质和经验你能做好它，但它绝不能激发出你的潜能，因此，你也不可能获得多大的成功。

小刘在毕业后的两年时间里，连续换了五六份工作，但每次都做得不开心，最终都被老板辞掉了。

小刘的第一份工作是在一家公司做外贸跟单，刚开始的时候他很喜欢这份工作，但工作不久后他发现他的同事基本都是高中文凭，而他是本科毕业，就开始有点看不起这个工作。加上工作内容简单枯燥，他做起来无精打采，自然就做不出什么成绩。没多久，老板就借故把他辞退了。

小刘的第二份工作是做销售，他并不喜欢做销售，但是为了生存，他不得不找了这份工作。但由于没有兴趣，不懂得推销技巧，所以业绩很差，不仅没有拿到基本工资，还不到三个月就被辞退了。之后，他又找了几个工作，但都不如意。

一次与朋友相聚的时候，小刘忍不住向朋友抱怨说："为什么我找不到适合自己的工作？真羡慕你，不仅无忧无虑地做自己喜欢做的事情，还能挣到钱。"

朋友是一家设计工作室的负责人，想了想就对他说："你不是对色彩很有感觉吗？你不如设计几幅作品给我看看，合适的话你跟我一起做设计吧！"

听了朋友的话，小刘突然想起自己一直都喜欢美术，以前还专门上过几年的业余美术班，就是工作以后，他也经常动笔画几笔，只是从来没想过要靠美术吃饭。于是，他按朋友的要求设计了几幅作品。朋友看后指出了作品的不足之处，但也认定他确实是个可用之才，就让他和自己一起做设计。

一段时间之后，小刘已经成了朋友的合伙人，专为朋友的设计工作室提供作品。虽然他没有普通人眼里的那种"正式工作"，但他很开心，时刻都在用心地做设计，再也不用担心被谁炒掉，或丢掉饭碗了。

其实，作为人生中极为重要的一部分，工作只有和特长结合起来，与生活目标相一致，它才能真正成为一种能够使人快乐的生活方式。而那些幸福的人，也通常是职业和生活方式相一致的人。比如，一个成功的编辑往往是一个能够从编辑的工作中得到乐趣，有着很强的组织意识和文字天赋的人；一个顶级的销售人员也往往是对他人充满热情、乐于沟通并时刻准备说服别人的人。

世界第一投资大师沃伦·巴菲特，小时候是一个内向而敏感的孩子，无论是读书还是在生活中，他的表现与一般孩子无异，甚至还不如其他的孩子。许多人都嘲笑巴菲特行动、思维缓慢，但巴菲特却将这一弱点转化为自己最大的优点——耐心。同时，他还发现自己对数字有天生的敏感。

在 27 岁之前，巴菲特尝试过无数的工作，销售、法律顾问、管理一家小厂，但都没有做出业绩。最终他结合自己的优点——耐心、对数字敏感，将自己的职业转向为一名投资家。在明确的职业规划引导下，巴菲特拒绝许多外来的诱惑，也顶住压力，坚定不移地按照自己的职业发展道路前进，最终成为了一代"股神"。

因此，无论怎样，你都应该了解自己的特长，并在自己热爱的领域中发挥自己的潜力。如果你确实不知道自己的特长之所在，认为自己没什么特长，那就尽可能多地给自己一些机会去接触更多的选择。比如，了解不同的学校、专业、课题和老师，然后从中挑选你的兴趣；或者通过图书馆、网络、讲座、社团活动、朋友交流、电子邮件等方式寻找兴趣爱好。通过广泛的接触，你就可以很快发现自己喜欢做什么、擅长做什么。

此外，不要以为特长是与生俱来的，有的特长其实是培养出来的，一些东西，也许一开始你只是稍微有些认识，但当你越深入地接触时，就会越不舍得放手，这时，你的兴趣或者特长就已经培养出来了。

所以，一定要记住，只有做自己最擅长做的事情，你才能拥有最重要的优势，并快速地走向成功。

有一家生产制造公司，有一次机器在运行的过程中产生了故障，公司的修理人员很快就赶来维修，但他们想尽了各种办法，那台机器还是一动也不动地停在那里。公司的领导没有办法，只好从外面请来一位技师。但这位技师的收费非常高，每小时就要收 500 美金。这位技师来到公司的生产车间后，并没有马上进行维修，而是先围着那台机器转了几圈，接着又是左看右看，上看下看，看了好长的时间。旁边的很多人还以为那位技师是故意拖延时间呢，只是想归想，但都不好意思说出来，也不敢催着他快点动手进行维修，所以也只好跟着一块看……

最后，那位技师在机器的某一个地方画了一条线，然后拿出锤子在画线的地方砸了一下，那台机器马上就开始正常运转了。机器修好了，公司当然就得给那位技师付费，于是就问他收费多少，技师回答说："当然是每小时 500 美金呀。"公司的领导于是说："那请你列出一个收费清单，好让我们知道你是如何收费的。"技师于是掏出笔来，很快就列好了一份清单，然后递给公司领导。那位领导一看，只见收费清单上只写了两句话："砸一锤子，价格 1 美金；知道为什么并知道在哪里砸这一锤子，价格 499 美金。"

那位技师为什么一个小时收费 500 美金，还有人请他去服务呢？其实原因很简单，那就是他具备了一般人不可替代的核心专长。正是这个核心专长，让他的价值得到了极大的提升。那么，生活在知识经济时代的我们，应该具备什么样的核心专长呢？你的核心专长又是什么呢？这是每个人都必须去面对，而且都应该认真去思考的一个问题。

2. 不唯上

在商界，决定一家企业成败的因素，除了机遇之外，最重要的就是是否拥有核心竞争力了。对于职场来说，也是这样，一个人可以学历不高，也可以没有什么工作经验，但却不能没有做事的能力。实际上，拥有高学历，你不一定能够在竞争中脱颖而出；拥有工作经验，也可能让你受困于思维定势，无法谋求更高的发展。而超强的工作能力，则让你成为无法让上司忽视的对象。从这个角度来说，拥有别人没有的工作能力就是你的核心竞争力，只有做到这一点，你才有可能在激烈的竞争中战无不胜。

因此，你需要做的不是企图使自己成为各个方面的能手，而是尽量弄清楚自己的个性和特长，始终向自己希望的方向发展自己，努力完善自己，而不是放弃自我，完全迎合他人。

穆先生一直都想升官发财，眼看着周围比他进企业晚得多的人都已经成为了他的上司或者有了更好的发展，可他已经进入这家国企十几年了却还只是个小文员。为此，穆先生感到极度压抑，他不明白自己付出那么多为什么得不到回报，每次一想到自己的失败就伤神。有一次企业要提拔一批老员工，人事调动名单公布以后，穆先生依然榜上无名，难过的他竟然当众号啕大哭起来。

办公室新来的年轻员工觉得很奇怪，便问他因为什么难过。穆先生说："我为我的不幸难过。我刚进企业的时候，我的领导喜欢打高尔夫球，我就学打高尔夫球，然后找机会和领导打球，想不到我刚学会打球，就换了一位领导。新领导喜欢文学，我马上放弃了高尔夫球去读书写文章，不料新领导觉得我学历太浅，文笔不够老练，就常常无视我的存在。好不容易等到换了现在这位领导，我以为自己已经有了足够的经验，应该有了出头之日了，没想到现在的领导喜欢青年才俊，而我却快要到退休的年龄了，哪里还有精力去和年轻人竞争?"

在现实生活中，像穆先生这样的人有很多，他们常常根据上司和周围人的喜好去调整自己，却没有一样是自己的专长，更没有自己的特色，以至于一次又一次地被其他人所替代。

其实，一个人最可贵的地方不是那些人人都有的东西，而是那些别人没有的潜质和能力。要知道，在工作中，你所做的一切都应该是为了提升自己、充实自己，而不是为了迎合谁，只有明白这一点，你才能坚持自己的职业理性，而不是像墙头草一样随风而动。如果你在某一方面有一技之长，你就可以获得他人的认可，也可以体现出你的价值。反之，如果你在每一个方面都知道一点，但哪一个方面都不精通，你有的别人也有，你没有的别人也没有，你就会很容易被人踢出局。因此，你必须保证自己有某方面的优势，并不断地学习，不断地积累，然后适时地展现。那么，哪些能力是需要我们不断学习和积累的呢?

第一，技术能力。比如计算机、会计、法律、外语等，这些能力能直接影响到你的前途，是你必须要重视培养的能力。

第二，决策能力。决策就是依靠自己的知识和智慧进行选择。正确的决策要以你的知识储备为基础，以你的洞察分析能力为条件。

第三，交际能力。交际能力是指明确而有效的沟通能力，比如口齿清晰、说话有逻辑、能准确地表达自己，以及建立有效的合作关系的能力，比如说话办事机敏、圆通等。

第四，组织能力。组织能力与技术能力一样重要，因为团队的力量更重要。如果你个人的能力有限，那么不妨发挥自己组织他人合作的能力，同样也能达到最终目标。

需要注意的是，当你的这些能力超越其他人的时候，如果你能够勇于承担别人不敢承担的责任，做别人不敢做的大事，并从容镇定地把问题解决，那么这也是你的优势。正所谓危难时刻，方显英雄本色，没有人会拒绝一个主动做事并敢于承担责任的人。

3. 学会和自己竞争

一个雪山探险队准备公开招收一批探险队员，消息传出后，许多有梦想人的蜂拥而至，纷纷表示如果自己能够被录用，一定能够完成探险的任务。

探险队的队长约翰先生在对每一位应聘者进行极为严格的体能测试后，选出20名候选人，对他们说："接下来我们要进行一项心理测试，只有心理测试也合格的人，才能正式被录用。"接着，约翰队长将20名候选人分别安排在一个单独的房间里，然后分别给每个候选人一张纸条，并说："10分钟后，我来听取你的答案。"

其实，那张纸条上都写着同样的一个问题："如果仅仅还差10米之遥，你就能够登上世界最高峰——珠穆朗玛峰的峰顶，但此时却有一名队员就在你1米左右的前边，这意味着他将是第一个登上峰顶的人，而你只能是第二个。这时，你会怎么办？"

10分钟后，约翰队长走进第一个房间里，微笑着问那个身强力壮的候选人。那位候选人一听，立刻说："那位队员就在我前边的1米左右，也就是说我们之间仅仅相差一两步，所以我会毫不犹豫地超过他，争取第一步登上顶峰！"约翰队长听后，十分遗憾地说："年轻人，很抱歉，你不适合做雪山探险队员。"那位候选人不解地问："为什么？难道我不能成为第一个登上顶峰的人吗？"约翰队长没有回答他，继续去问其他的候选人。

约翰队长走了19个房间，但令他失望的是，19个候选人差不多都是这样回答他，他心想：看来今天是一个队员也招不到了。但是，他还是带着微笑来到第20号候选者面前，让今天的最后一位候选人说出自己的答案。让约翰队长预料不到的是，这位个年轻人只是淡淡地说："没什么，就让他做第一吧，我甘愿做第二名。"

约翰队长一听，内心一阵狂喜，但他还是不露声色地又问那位年轻人："为什么呢？这可是一个十分难得的机会呀！"

年轻人十分坦然地说："我不想去争什么第一名，因为我只是一个雪山探险队员，不管我是第几名，只要能把自己的双脚踏在世界最高的地方就行了。"

约翰队长一听，双眼顿时亮了，欣喜地说："祝贺你，年轻人，你被录用了，而且你肯定能够从雪山上成功地活着回来！"

然而，当约翰队长宣布录用人选之后，其他的候选人却都不解地望着约翰队长。约翰队长也看出了他们的疑惑，于是解释说："我和雪山打了大半辈子的交道了，那白雪皑皑的雪山可不是闹市，也不是平地呀！那可是零下几十摄氏度的地方，是空气十分稀薄的地方，喘一口气都很艰难，而你的脚下随时都有可以置人于死地的自然陷阱。如果你在那个地方还想着与自己的队友进行竞争，那么你一定会为了超越前边的人而不按前边人的脚印走，那么你就会一脚踏入死亡的陷阱，掉入千丈冰谷之中。就算是你的脚下没有陷阱，但是当你紧赶几步力图超越你前边的人时，你也马上就会因空气稀薄而窒息，然后在又冷又滑的冰川上倒下去。"约翰队长顿了顿，悲伤地继续说："曾经有许多优秀的雪山探险队员，就是因为要与别人争第一，而永久地留在了雪山上。所以，在气候恶劣、空气稀薄的雪山上，你的竞争对手绝对不是你的队友，也不是恶劣的自然环境，而恰恰是你自己呀！如果你心里总想着与别人竞争，那么你是永远无法到达顶峰的，只有那些内心豁达、坦荡，只顾埋头赶路的人，才能最终踏上世界的顶峰。"

"只有那些内心豁达、坦荡，只顾埋头赶路的人，才能最终踏上世界的顶峰。"说得多好呀，其实，人生又何尝不是如此呢？那些满脑子都是功名利禄，一心想要与别人竞争到底的人，又有谁能够真正登到顶峰呢？"力拔山兮气盖世"的西楚霸王项羽，曾经以一当十，击溃秦军主力，瓦解了大秦王朝，可结果怎么样呢？年仅33岁就在乌江边自刎而亡。还有那个在自己的人生字典中没有"难"字，曾经在马背上横扫欧洲的拿破仑，结果又是怎样？还不是在一个偏僻、荒凉的小岛上凄凉地死去吗？而这些曾经所谓的强者，他们最后的失败，其实不是败给了别人，而恰恰是败给了自己。换句话说，就是他们只懂得与别人进行竞争，却不知道如何与自己进行竞争，最后只能是自己打败了自己。而那些不计名利的人，由于他们胸怀坦荡，目光长远，超越自己，所以他们的心灵没有任何包袱。这样的人，最终往往能够踏上人生的巅峰。这恰如老子所云："以其不争，故天下莫能与之争！"

其实，在这个弱肉强食、竞争极为激烈的社会里，为了生存，为了发展，为了实现自己的抱负，你可以选择恃强凌弱，打击对手，你死我活，有你没我，唯我独尊。但是，这绝对不是竞争的最高境界。因为竞争的最高境界，不是与别人进行竞争，而是与自己进行竞争。当你学会与自己竞争的时候，你就可以做到与别人互惠共生，各得其所，精诚合作，生死相依，各退一步，不战而胜。所以，很多时候，我们是没有必要一定要去竞争的，只要改变一下思路，尝试另外一种方式，或许就会取得预料不到的效果，甚至会出现皆大欢喜的双赢局面。

案例 "饲料大王"刘永好：从希望到新希望

他曾经当过教师，曾经做过农民，曾经被《福布斯》杂志评选为"中国首富"。他就是我们这个案例的主人公——新希望集团董事长刘永好。在四川乃至在全国一些偏远山区的农民，都曾听说过他的名字。而人们对他津津乐道的，主要还是他白手起家的传奇、基业长青的历程，以及他那真诚而宏阔的内心世界。

1951 年 9 月，刘永好出生在一个清贫的知识分子家庭，上面有三位哥哥，老大刘永言、老二刘永行、老三刘永美，刘永好排行老四。"文革"时期，刘永好曾经当过 4 年零 9 个月的知青，而这段不寻常的经历，不但磨炼了他的意志，锻炼了他的心态，同时也让他学到很多东西，了解到中国的农民和市场的情况。这对于刘永好来说，是他的人生中极为重要的一课。

2001 年，50 岁的刘永好荣登《福布斯》杂志"2001 年度中国大陆百名富翁排行榜"榜首时，他坦言成功的秘诀就是两个字——吃苦。

"文革"结束后，刘家四兄弟纷纷以优异的成绩考入大学，毕业之后，又分别进入国家机关单位，每人都捧上了一只令人艳羡的"铁饭碗"，不知引来了街坊四邻多少羡慕的眼光。但是，这种羡慕并没有持续多久，刘家四兄弟就作出了惊人之举。1978 年，十一届三中全会之后，改革开放的春风为每一位中国人带来全新的发展机遇和空间，这阵春风也将刘氏兄弟的开拓和尝试精神吹醒了。1982 年，刘家兄弟四人再也不想继续待在死气沉沉的机关里耗费青春和岁月，于是他们决定"下海"！

养殖专业户

兄弟四人纷纷卖掉了自己的手表、自行车等值钱的物件，凑足一千元现金，来到他们当年下乡的古家村，成立了"育新养殖场"，开始养殖鸡和猪，成为当地农村的第一批养殖专业户。

大学生去农村养鸡，这在当时是一种可笑而又近乎疯狂的举动。县委书记亲自找到了兄弟四人，试图进行一些劝说，但看到他们的坚持和果敢，也不禁为之动容。在给予他们一些政策上的支持的同时，县委书记也给他们下达了任务——每年带动十个农户致富。

其实，四兄弟选择来农村做养殖业是经过深思熟虑的。1979年的十一届四中全会，国家已经将农业问题提到议事日程上来，1982年，又提出了"科技兴农"的号召。四川是一个农业大省，而农村拥有广阔的空间，刘氏兄弟敏锐地感觉到，这是一个千载难逢的大好机遇。

但是，这个经过深思熟虑的壮举却差点因第一笔订单而夭折。在育新养殖场开始有点起色的时候，四川省资阳县的一个专业户向他们预订了10万只良种鸡。这是他们自开业以来接到的第一笔大订单，兴奋异常的四兄弟借了一笔数额不小的钱，买来十万只鸡蛋，精心培育，孵出小鸡，先交货2万只。不料，小鸡在运输途中被闷死了一半，又因火灾烧死了剩下的一半，那位专业户几乎倾家荡产，刘家兄弟也分文未得。据刘永好回忆当时的惨状：下单的人已经跑了，他老婆跪在地上，让我们饶了他。看到这样子，我也没有什么好说的。但剩下几万只小鸡马上就要孵出来，而我们又没有饲料，这时候又是农忙时节，农民不会要，借的钱又要马上还，我们真的是绝望了。

绝望之余的四兄弟，甚至开会讨论起一个沉重的话题：是跳岷江一了百了，还是隐名埋姓远走新疆，抑或正视这个问题，坚持下去？四兄弟经过激烈的心理斗争，终于还是选择了最后两个字：坚持。

坚持下去，就意味着要正视剩下的8万只小鸡。既然卖给农民已经没有希望，那就只能卖给城里人了。打听到成都有市场后，他们连夜动手编竹筐。此后四兄弟每日凌晨4点就开始动身，先蹬3个小时自行车，赶到20公里以外的集市，再用土喇叭扯起嗓子叫卖。等几千只鸡卖完之后，他们又披星戴月地拖着疲惫的身子蹬车回家。十几天下来，四兄弟个个掉了十几斤肉，但所幸的是8万只鸡苗总算全脱手了。年底算账，竟也有数万元的盈利。

从让人羡慕的公务员，到沿街叫卖的小商贩，刘永好在与兄弟共同创业的初期，第一次经历了心灵的历练。比起早年生活的艰辛，这种心灵的炼狱无疑是更加痛苦的，但坚强地面对，只是他走向成功的第一步。

杀死 10 万只鹌鹑

在刘氏兄弟白手起家的传奇创业之路上，鹌鹑无疑扮演了非常重要的角色。在四兄弟经历了第一次创业的危机之后，一次偶然的机会，刘永言从报纸上看到一则新闻，朝鲜的金日成主席送给中国一批鹌鹑，报上说它是"会下金蛋的鸟"。之所以说鹌鹑会下"金蛋"，是因为它的产蛋率很高，一只雌鹌鹑几乎每天都可以下一个蛋。这样计算下来，比起鸡蛋，鹌鹑蛋的利润几乎要高出一倍。刘氏四兄弟一合计，决定将养殖业的重点放在鹌鹑上。

如果说在育新养殖场成立初期，四人作为知识分子的优势还没有凸现的话，那在养殖鹌鹑的过程中，他们所具备的知识和科技优势淋漓尽致地展示出"知识就是财富"这句话的分量。他们开始用电子计算机调配饲料和育种选样，并且摸索出一条经济实用的生态循环饲养法：用鹌鹑粪养猪、猪粪养鱼、鱼粪养鹌鹑，使得鹌鹑蛋的成本降低到和鸡蛋差不多。到了 1986 年，育新良种场已经年产鹌鹑 15 万只，鹌鹑蛋不仅销往国内各个城市，而且开始走向了世界。

在养殖鹌鹑这项事业上，四兄弟是齐心协力但又各有分工。性格外向、擅长交际的刘永好承担销售的任务。此时的他经历过第一次创业危机的历练，已经变得成熟很多。每次在成都的集市上叫卖，刘永好不再害怕碰到自己的学生，而是大大方方地跟每一个人打招呼。一次在他挑着担子去市场卖鹌鹑的路上，笼子突然破裂了，成百只鹌鹑从笼中逃脱，刘永好只得一边顾着担子，一边跑到马路边，钻进集市里到处去抓鹌鹑，情形虽然有些狼狈，但刘永好已经能毫不羞涩地从容应对了。

由于刘永好人缘好、点子多、善于开拓，鹌鹑蛋的销售很快打开新局面。他先是在成都青石桥开了一个鹌鹑蛋批发门市部，后来生意越做越大，又在成都最大的东风农贸市场开了一家奇大无比的店。这些店里每天都堆放着数十万只蛋。而他们的订单，近的来自重庆、西安，远的则有新疆、北京，甚至还有来自国外的订单！刘永好的店面成为全国鹌鹑蛋的批发中心，他们靠卖鹌鹑和鹌鹑蛋渐渐积累起 1 千万的巨资。

刘氏四兄弟在自我发展的同时，也兑现了当初对县委书记的承诺。在他们的带动下，整个新津县有三分之一的农户养鹌鹑，最高峰的时候全县养了 1 千万只鹌鹑，比号称世界鹌鹑大国的德国、法国和日本还要多，当时的新津成为当之无愧的世界鹌鹑大王。

但是，最大的危机往往隐藏在最辉煌的时刻。就在新津县的百姓争先恐后饲养鹌鹑、鹌鹑价格不断攀升的时候，刘氏四兄弟开始思考起市场容量的问题。如果养殖鹌鹑的农户不断攀升，市场容量总有一天会达到饱和。而到时候，养殖鹌鹑的农户将承受巨大的损失。

兄弟四人为此专门召开会议。其实作为当时新津县鹌鹑养殖的种源地和饲料供应地，育新养殖场本可以利用这次机会大捞一笔巨资，至于以后农户将遭受的损失，本来与他们也并无多大关系。但是，四兄弟想到了父母对他们反复的教导：做人要有良心。如果当初创业时没有新津县农民的热情支持和鼓励，他们走不到今天，更不会成为千万富翁。饮水当思源，在道德和责任感的双重驱使之下，四兄弟当即印发几十万张《告全县人民书》，告诉农民兄弟不要继续炒作鹌鹑，否则将会倾家荡产。

但是，贫穷已久的农民对于财富的渴望太强烈了。广告发出去之后，很少有人听从他们的劝告。甚至有人讽刺说，刘氏兄弟只是想自己发财，不愿意看到别人也致富。误解、流言一时四起，四兄弟陷入苦恼之中。

为了平息这些流言，更为了压下这场由鹌鹑引起的泡沫危机，刘氏四兄弟郑重作出了一个不可理喻的决定：率先将育新养殖场的 10 万只鹌鹑全部杀死，宣布以后将不再养殖。刘氏四兄弟的举动在当时无疑具有非常强的震撼力，长期以来，他们是新津人民心目中的英雄，是产业的带头人，在当地农民心目中具有较高的威望。新津的百姓终于明白了刘氏兄弟的良苦用心，经过共同的努力，这座随时都可能爆发的火山终于逐渐熄灭了。

在这次平息鹌鹑所引发的经济危机中，刘氏兄弟承受了巨大的经济损失。但是，在勇于承担社会责任的过程中，他们却用自己的良心赢得了宝贵的无形资产——信誉。良好的信誉打造企业过硬的品牌，成为他们迅速崛起并长盛不衰的筹码。而自觉的社会责任意识则一直延续下来，即使是在刘氏兄弟"分家"之后，也依旧成为刘氏兄弟企业毋庸置疑的使命。

中国"饲料大王"

刘氏兄弟中的老二刘永行在他的自传《希望永行》中曾经说："如果我们一直待在机关里，到今天最多是科级干部；如果我们一直做鹌鹑，到今天可能是衣食无忧的小老板；如果我们后来不做猪饲料，也可能是几个中等工厂的老板。"此段文字的言下之意非常明确，正是因为转战猪饲料产业，才造就了刘氏四兄弟的产业帝国和"中国首富"的辉煌。而当年倡导和发起猪饲料产业的正是老四刘永好。

1986 年，新津县已经成为当时世界上最大的鹌鹑养殖地。新津的经济发展引起了国家相关部门的重视，当时的科技部部长宋健在参观了育新养殖场之后，感慨万千地为刘氏兄弟题词："中国经济的振兴寄希望于社会主义企业家。"1987 年，刘氏兄弟正式取其中的"希望"二字作为企业的名字和事业的品牌，同时也寄予诸多美好的愿望在其中。

与希望相伴而生的是挑战。鹌鹑市场趋于饱和的状态促使刘氏兄弟开始思索转向新的产业领域。1987 年夏天，刘永好出差到广州，偶然看到广东农民排长龙购买"正大"颗粒饲料的场景，这令他惊奇不已。"正大"饲料是泰国的产品，价格非常昂贵，但对猪的增肥效果却奇好无比，所以深得农民的喜爱。国内一些国有饲料厂和大大小小的饲料商都被"正大"挤兑得濒临破产。

其实，早在 20 世纪 80 年代初期，刘永好在南方为育新养殖场采购饲料时，就已经开始对饲料的经营进行了观察、调查与思考。而这次在广州看到的景象，更进一步使他敏锐地觉察到饲料市场的巨大潜力。刘永好认真观看了"正大"的饲料，索要了说明书，回成都后便开始向几位兄长介绍生产猪饲料的前景。

在长期共同创业的磨合中，几位兄长已经深知刘永好在市场方面具有不可多得的敏锐和天赋。在听完他的介绍之后，几位兄长当机立断，在古家村买下 10 亩地，投资 4 百万元建起科研所和厂房，正式成立"希望饲料公司"。这个决断，不仅仅意味着刘氏兄弟产业方向的正式转移，而且也标志着刘氏兄弟正式由个体户转变为民营企业家。

接下来的两年，是卧薪尝胆的岁月。刘氏兄弟将辛苦积累下来的 1 千万元，全部投入到新型饲料的研制和开发中。随后，他们又筹资高薪聘请了 30 多位动物营养学家联手攻关，同时借鉴国外先进技术，关注西方在工业饲料科研开发方面的最新成果和技术动态。他们同美国的几家科研机构建立联系，邀请外国专家来川讲学；派出科技人员到美国、德国和东南亚国家考察学习。通过不懈的努力，"希望饲料公司"基本上掌握了世界饲料科研方面的最新信息，并通过分析建立起计算机配方模型。在此基础之上，"希望饲料公司"的研究人员结合中国的现状，反复试验和筛选，从 33 个配方中优选出"一号乳猪饲料"，正式投产运营。

为了能在初期打开"希望饲料"的市场，擅长市场推广的刘永好挖空心思。他拿着自己在宣传鹌鹑蛋时就发明的小广告下了乡，苦思冥想出广告的创意，写好稿子。之后，他租了一台刻印机，请写字好的朋友写了字，请专业人士刻印好，然后自己亲自往每家农户的猪圈上张贴。在小广告的张贴告一段落后，刘永好又颇具创意地发明了"墙体广告"，在农村街道和房屋的墙上都刷满了宣传自己产品的标语。这种宣传方式成本低，但效果却极好。没过几天，新津县几乎每个农村的墙上都写满了同样的标语："养猪希望富，希望来帮助"，"吃一斤长一斤，希望牌猪饲料就是精"。

刘永好的创意和辛劳换来了"希望"的硕果，没过几天，愿意尝试"希望"牌猪饲料的农户越来越多。由于"希望"猪饲料质量并不比正大差，但每吨的价格却低了60元，三个月后，"希望"猪饲料的销量直接追上了"正大"，打破正大集团及其洋饲料垄断中国高档饲料市场的局面，成为国内饲料的第一品牌。

"希望"牌饲料崛起速度之快、发展势头之猛，令打遍世界无数对手的"正大"集团始料不及。为了能在市场博弈中打垮这个强劲的对手，一向以高价自居的"正大"饲料主动每吨降价20元，"希望"也紧跟着降价20元；后来"正大"咬牙每吨降价100元，"希望"干脆降价120元。"正大"饲料本来就比"希望"的成本要高，刘永好果断而决绝的市场策略打得"正大"几乎无招架之力。一时间，"希望"牌饲料的销量迅速攀升。无奈之下，"正大"的负责人主动找到刘永好，双方达成了协议——"希望"以成都市场为主，"正大"以成都之外的市场为主。这实际上宣告"正大"退出了成都市场。"希望"饲料终于创出了名牌。

在竞争中大获全胜的"希望"牌饲料迅速遍及巴山蜀水，1990年3月底，"希望"月产饲料4500吨，成为西南地区最大的饲料厂，确立了"希望饲料公司"在西南三省的饲料主导地位。1992年，刘氏兄弟开始将"希望饲料公司"的成功模式向全国复制，在全国各地办厂并取得重大成功。因为"希望"饲料能够在与外资公司的激烈竞争中脱颖而出，打响民族饲料工业的品牌，因此也被人们深情地称作"中华饲料王"。

从希望到新希望

1992年，在刘氏兄弟的事业发展史上，是值得纪念和书写的一年。这一年，中国第一个经国家工商局批准的私营企业集团——希望集团，在希望饲料公司的基础上正式成立。而也是在这一年，刘氏四兄弟第一次对企业进行明晰产权的调整，也就是外界所传的"分家"。三年以后的 1995 年，刘氏兄弟又一次对企业的管理制度进行了调整，并进一步明晰产权关系。至此，创业初期产权模糊的四兄弟，在平和、友爱和理性的协调下，一下子分得清清楚楚。

在 20 世纪 80 年代的中国，新兴家族企业大多在产权上模糊不清，不少家族企业因此纠纷不断、结下怨仇、对簿公堂甚至分崩离析。产权制度改革是家族企业转型最为关键的环节。刘氏兄弟在企业发展壮大的早期就意识到这一点，并如此平和地解决，无疑已经走在许多民营家族企业的前端。

"分家"之后的刘永好，自己的事业有了更大的拓展空间。1993 年，刘永好当选为全国政协委员、工商联副主席，身份的变化使他站上另一个人生的舞台。本来就擅长交际的他有机会结识更多优秀的企业家，听取他们的经验和心得，视野更加开阔。走出四川，站在中国甚至世界的高度来思考问题，刘永好开始迈向"新希望"。

1996 年，刘永好宣布成立四川新希望集团，在 3 月举行的新希望集团成立大会上，刘永好作了一次激情满怀的发言，表达了辉煌的人生正是不断刷新自我的过程。这一番表露心迹的豪言壮语，决定了"新希望"集团的高度和方向。从 1996 年新希望成立，站在更高位置的刘永好清楚地知道，更大的梦想、更高的起点也意味着更重的责任在肩上。

2004 年，在刘永好领导新希望集团奔向世界级农牧企业的路上，遭受了"禽流感"的寒流重创。在短短的几个月内，禽类产品的价格骤降，市场严重萎缩。面对这种突然的冲击，许多公司都取消了与农户签订的禽蛋收购合同。新希望集团的部分股东和董事也纷纷提出以取消与农户合同的方式来最大限度地降低企业的损失。

也许只有面对重大考验时，方能显现企业家的睿智与心胸。就在大家纷纷议论退签合同，农户处于焦躁不安之时，刘永好出人意料地抛出了他的决定：新希望集团作为目前中国最大的饲料供应商和最大的肉鸡、肉鸭屠宰加工商，将调拨 1 亿元人民币，与农民共渡禽流感难关。首先，新希望集团将按原合同购买农民的家禽，决不毁约；其次，新希望集团将销售给养鸡农民的饲料降低三分之一的价格；最后，新希望集团将派出 5000

多名接受过大学教育的农业技术人员，到农村去帮助农民防病治病，普及防禽流感的知识。正是在刘永好这三项决议的推动下，新希望集团与农民一起度过了那段最难捱的岁月。新希望集团虽然承受了一定的损失，但农户的利益却得到了最大限度的保障。

刘永好的这一举动，与当年刘氏四兄弟杀死 10 万只鹌鹑来警醒世人的壮举如出一辙。虽然两件事情相隔十几年的岁月，虽然当年的"育新养殖场"与今天的"新希望集团"完全不可同日而语，但是，早已印记在心底甚至流淌在血液中的道德感和责任感并不曾被洗刷掉。而这种道德感和责任感，是一个有良心的人、一位优秀的企业家所必不可缺的素质，也必将成就一家蓬勃发展、基业长青的优秀企业。

2006 年，以"责任、创新、影响力、推动力"作为标准的 CCTV 中国经济年度人物评选，赫然将"责任"放在了首位。而刘永好则毫无意外地光荣当选。面对突如其来的荣誉，刘永好依旧十分平静。

《易经》有云："天行健，君子以自强不息；地势坤，君子以厚德载物。"的确，唯有自强不息，才能永远活跃在希望的田野上；唯有胸怀天下，才能纳百川、容万物。如今的刘永好，正踏上世界的大舞台。

第十五章
中国顶级 CEO
是这样炼成的

随着世界经济一体化的逐步形成，企业所需要的职业经理人也越来越多。因此，优秀的经理人已经成为企业界最抢手，也最具闪光价值的稀缺资源。近几年来，虽然各个行业之间的竞争越来越激烈，导致很多行业已经进入了微利阶段，但在人才市场中，职业经理人的身价却越来越高，尤其是一些优秀的职业经理人，更是"引无数老板竞折腰"，为了能够请到他们而不得不放下身段，甚至是"三顾茅庐"。

然而，当市场对于职业经理人的呼唤越来越强烈时，真正称得上顶级 CEO 的却非常稀少。这样一来，又让一些大学和管理专家嗅到了商机，于是纷纷开办了培养职业经理人的课程，并促成了当今所谓的 MBA 和 EMBA 在职学习热。但实际上，经过短期培训，这些学员拿到培训单位所颁发的证书之后，是否就真的能够成为一名合格的经理人，是否就真的可以"横刀立马"，驰骋商场了呢？

而市场对于这些 MBA 的检验到底怎样呢？总体来看效果还是令人十分遗憾的，很多手里拿着 MBA 文凭的职业经理人，根本无法做好整个部门或者企业的整体规划，当然也无法做到完成企业现代化的改造了。当然，究其原因，可能是 MBA 在中国的含金量太低，所以导致这些通过 MBA 培训的职业经理人，其综合素质和实操能力远没有达到欧美国家的层次和水平。但从客观的因素上来看，还是中国的职业经理人过于注重理论和学历，而缺少实践经历造成的。这样一来，也使得很多老板对于那些罩着 MBA 职业经理人头衔的所谓金领人士敬而远之。

那么，中国顶级的 CEO 是怎么诞生的呢？难道他们天生就是做 CEO 的料吗？如果不是，这些顶级的 CEO 又是怎样炼成的呢？相信下文所述，一定会对你有所启发。

正确的道路是这样，吸取你的前辈所做的一切，然后再往前走。

——托尔斯泰

1. 强烈的成功意识

有这样一个故事：

在古希腊，有一个年轻人很想获得成功，却不知道该怎么做，于是他找到了大哲学家苏格拉底，向苏格拉底请教成功的秘诀是什么。苏格拉底什么也没说，而是把那位年轻人带到了河边，然后让年轻人和他一起向河里走去。当河水没到他们的脖子时，苏格拉底趁年轻人不注意，一下子把他按到水中。年轻人在水里拼命地挣扎，但苏格拉底并没有松开手，仍然死死地按着那位年轻人，直到他奄奄一息时，苏格拉底才把他的头拉出水面。那位年轻人出水之后，顾不上埋怨苏格拉底，便开始大口大口地喘气。这时，苏格拉底微笑着问："在水里的时候，你最需要什么？"年轻人回答："空气。"苏格拉底说："这就是成功的秘诀，当你渴望成功的欲望就像你需要空气的愿望那样强烈的时候，你就会成功。"

在现实的职场中，相信大家也一定会接触过这样的职业经理人和老板，他们或许并没有多高的学历，但他们身上却蕴藏着一种激情，这种激情使得人们自觉或不自觉地接受他们的信念和观点。而他们的这种激情，并不是与生俱来的，而是源于他们那种强烈的成功意识。所以，他们可以随时随地推销自己，把自己的思想灌输给自己的下属和客户，让下属和客户很自然地接受他们的一切。所以，要想获得成功，要想让更多的人愿意跟你走，就必须让自己拥有强烈的成功意识，并将这种成功的意识转化为一种激情。这样，你的下属才会相信，跟着你干一定会获得成功；你的客户才会相信，与你合作一会获得丰厚利润或者实在的好处。

2. 放大自己的价值，提升自己的价值

在职场上，不管是那些顶级的职业经理人，还是杰出的老板，他们之

所以能够在变幻莫测的职场中叱咤风云，是因为他们不随波逐流，更不会人云亦云，而是善于在实践的过程中，总结出属于自己的东西。然后，再把这些独特的思想像珍珠一样穿起来，进而形成自己独特的价值观，并把这种价值观坚持下去，不断宣传和放大，扩大影响力，自成一个体系。这样，就会培养出属于个人且不可复制的核心竞争力。

陈刚经营着一家规模很小的食品公司，其生产资金大约只有十几万。但陈刚却信心满满，并在公司的文化墙上写下了要成为这座城市酱菜第一品牌的豪言壮语，以此来激励员工的信心。

在自己的酱菜上市之前，陈刚开始寻思着要做一个广告。他首先想到要上电视台去打广告，但他只是稍微打听了一下，马上就打消了这个念头，因为要在电视上打广告，把自己公司的全部生产资金都拿出来，还不够交给电视台的广告费呢！于是，陈刚又开始想着在本市的某个繁华地段租下一个显眼的广告牌，然后标上自己的产品。这样一来，也可以引起行人的注意，并从此认识他们所生产的酱菜。但是，陈刚和广告公司进行接触后，又发现那个繁华地段的广告价格虽然低于电视台的价位，但还是超出了他所能承受的范围，毕竟他的公司还是很小。

尽管如此，陈刚并没有因此而失望，当然也没有放弃，他仍然不停地到处打探，希望能够找到既便宜又实惠的广告位置。不断地打听和寻找之后，陈刚终于看上了一个十字路口的广告牌。这个地段的人流量和车流量也比较多，美中不足的是，不管是路上的行人，还是坐在车上的人，都是行色匆匆，眼睛只顾盯着红绿灯和疾驶而过的车辆，有谁会注意到这块广告牌呢？所以，在这里做广告，结果也是可想而知的。但由于这个地方的广告费只有几万元，于是陈刚就租了下来。

对于陈刚这个举措，员工们纷纷提出质疑，他们心想：陈老板是不是吃错药了，还是根本就不想打广告，只是做一个形式而已呢？而对于员工们的质疑，陈刚也只是笑而不答。

没过几天，原来那块旧的广告牌就撤下来了，员工们都很高兴，虽然他们不知道自己老板为什么会选了这么一个地段，但是他们也明白在这个地方打广告即使不会产生很好的效果，也毕竟是大家辛苦生产出来的产品马上就要上市了。然而，到了第二天，员工们一看，却发现广告牌上根本就没有他们酱菜的广告，只见上面赫然写着："好位置，等待贵客光临。此广告招租100万/全年。"

天呀！这个价格恐怕已经是这座城市最贵的广告价位了吧！高价位招牌的冲击力的确不小，很多从这里路过的人，虽然依旧行色匆匆，但还是自觉不自觉地看上几眼。如此口耳相传，渐渐地，很多人都知道在这个十字路口上，有一个天价的广告位虚席以待，甚至还引起了当地一些媒体的关注。

一个月后，陈刚终于把自己公司生产的酱菜登到了这块"天价"的广告牌上。这时，员工们才终于明白了陈刚的心思，无不拍案叫绝。而他们所生产的酱菜也很快就在市场上迅速打开了局面，因为那个"100万/全年"的广告价格早已在这座城市中家喻户晓。这样一来，陈刚他们所生产的酱菜，刚刚上市就成为这座城市的知名品牌。

没过多久，陈刚又把墙上原先的口号擦去，然后换成要做全省酱菜第一品牌的口号。这时，很多员工又不明白了，于是又不解地问："陈总，我们现在还不是这座城市的第一品牌呀，为什么要换成全省第一品牌了呢？"陈刚微微一笑，意味深长地回答："没有人会主动赋予我们理想的价值，而我们要想提高自己的价值，就必须自己主动去做一块招牌，才能够适当地放大自己的价值，然后提升自己的价值！"

员工们一听，顿时恍然大悟，同时也对陈刚佩服得五体投地。

读完这个故事后，大家会有什么感想呢？的确，很多东西是需要我们不断去缩小的，比如缺点、劣势、消极等，因为这些东西会阻碍我们不断地进步；而很多东西是需要我们不断放大的，比如优点、价值、进取心等，因为这些东西是我们成功路上不可或缺的因素。

其实，我们每个人刚生下来的时候，是没有一个明确的目的地的，而且摆在我们面前的路也有很多条，你可以选择其中的一条或者多条，然后走下去，直到生命的终点。其实，路的终点都是一样的，只是走完了一生之后，有的人会千古流芳，有的人会遗臭万年，有的人则会无声无息。而能够决定人们这些身后之事的，并不是路的终点是什么，而是他们在从开始到终点之间的这个过程到底都做了些什么。而这个过程，其实就是我们不断创造价值、提高价值的过程，如果你创造了正面的价值，那么人们自然就会永远地记住你。

可见，自我价值的创造和提升，其实是一件让人感到非常幸福的事情，而且每个人都可以拥有这样一种幸福，只要你拥有一个正确的价值观，并为此而不断地学习、不懈地探索，那么自我价值的提升自然就会水到渠成。

3. 自我管理，自我发展

在普通人的眼里，那些顶级的职业经理人，都是一群业绩卓著，而且极富感染力和领导力的人。当然，这样的看法并没有错，只是如果仅仅这样看，就未免过于表面化了。实际上，那些顶级的职业经理人，他们首先是一群目标非常明确的人，而且他们很清楚自己需要什么，并知道应该采取什么样的途径来实现这些目标。

可以这样说，普通的经理人和优秀的经理人，他们之间的差别就在于：前者是清楚地知道自己需要什么，并懂得如何去实现；而后者则只知道当前要做什么，至于下一步做什么，那就只能等上级领导或老板指示，然后才知道怎样去做。

所以，要想实现从普通到优秀的提升，一定要学会自我管理、自我发展。这样，你所领导的团队，就会充满活力，不但让自己的下属看到发展前途，而且营造了相当公正开明的环境，确保下属工作能力可以得到充分发挥，并且保证下属的贡献一定会得到相应的回报。也就是说，通过协助和带领别人创造出来优秀的业绩来成就自己的事业的职业经理人，才称得上是真正的优秀。

4. 要有战略思想和文化理念

在职场中，对于管理人员来说，有这样四层境界：三流的职业经理人卖"体力和媚骨"，二流的职业经理人卖"实操经验"，一流的职业经理人卖"管理制度、实操手法和技巧"，顶级的经理经理人卖"战略思想、文化理念、信仰、绩效考核管理和执行监控能力"。

那么，对于你来说，目前到底处在哪个境界呢？是一流、二流还是三流，自己离真正的顶级还有多远？不妨对号入座，自行评估一下。虽然这是一个很抽象的标准，没有什么具体的数据来支撑，但是从这些差别中，我们可以看透事物的本质，从而了解真实的自己。

5. 适应环境，利用环境

如果说单纯地运用 MBA 理论知识和方法技巧可以让你从普通变成优秀的话，那么要想实现从优秀到顶级的提升，则必须超越这些知识和方法，让自己融入商场乃至国家的大环境中。就拿中国的市场来说，虽然市场经济体制已经与国际接轨，但千万不要忽视了中国几千年传统文化的力量。如果忽视了这些传统文化的影响力，你就无法利用这种文化力，而这些对于你的职业生涯来说，无疑是一个巨大的瓶颈。所以，要想成为顶级的职业经理人，必须重视中华文化，并且将这种生生不息的文化力运用于实际的管理中，并不断地将其发扬光大。

可以说，如果你没有具备深厚的中华文化素养，你就无法培养和磨炼出深厚的领导力，也就不可能掌控住企业组织这艘大船的航向！

当然，我们上面所说的这五项修炼是比较抽象的。至于具体怎么做，则要从以下的五个方面入手，在实践中进行不断的探索。

(1) 制订明确的战略。很多职业经理人之所以难成大器，无法成为顶级的 CEO，并不是因为他们不够优秀，而是他们虽然是战术上的巨人，却往往是战略上的矮子，这就注定了他们无法再继续提升自己的价值。所以，在真正的实践中，作为职业经理人，一定要懂得根据公司的定位、市场和目标，制订出明确的战略。并时刻关注市场的趋势和竞争对手的动向，科学策划，及时出击。建立顺畅、高效的内部沟通机制。这样，才能随时了解战略的具体实施情况，并及时作出相应的调整，将市场牢牢地掌控在自己的手中。

(2) 提高团队的综合能力。俗话说"一个好汉三个帮"，一个人不管有多么能耐，仅仅靠单打独斗肯定是不行的，只有构建起自己的团队，才能使自己的事业真正发展壮大。因此，作为职业经理人，在不断提高自身综合素质的同时，一定不要忘记提高整个团队的综合能力。

团队的精髓在于团结协作，荣辱与共，而作为职业经理人，应当用实际行动作出表率，坚持实事求是的思想路线。既要坚持原则，又要多沟通、互谅解、求大同、存小异，多作批评与自我批评。因为只有建立起一个优势互补的团队，这个团队才能够走上良性发展的轨道。

那么，如何提高团队的综合能力呢？职业经理人可以通过价值观引导、会议交流、专业培训、拓展训练、榜样示范及激励约束等措施，盘活团队的能量，优化团队组织，使每个团队成员与组织保持高度的一致，并帮助他们获得成功。作为领导者，千万要切记不能只做评判者，见功劳就上，遇责任就推，得意时相互吹捧，受挫时相互埋怨，而是要高度重视并维护员工的根本利益，妥善处理好各种利益关系和矛盾冲突。在团队管理方面，一定要坚持和完善公正、公平、公开的制度，保证员工的知情权、参与权和监督权。对于绩效比较差的员工，要先了解情况，看看能不能调整到更合适的岗位上，而不是动不动就开除，这样才能真正做到以利引人、以情聚人、以理服人、以法管人。

（3）制订用人制度。21 世纪，企业间最主要的竞争是对人才的竞争，而人才的竞争又主要体现在用人上。所以，作为职业经理人，一定要遵循着"定目标、重过程、抓激励、看结果"的原则来制订用人的制度，才能真正提高工作效益和效率。

一个团队，不管多大或多小，都必须要有共同愿景和阶段目标，因为愿景是引导整个团队前进的导航，而阶段目标则是成功路上的阶梯。而要实现这些阶段目标，识人和用人是关键中的关键，因此职业经理人一定要坚持任人唯贤的基本原则，严格遵循用人条件和程序。虽然企业在不同的发展阶段有不同的用人标准和侧重，但只要参照"有才有德要重用、有德无才要少用、有才无德不要用、无才无德不能用"的原则，应该就不会犯太大的错误。

在提拔领导干部方面，不应仅仅局限于公司内部，更不要仅仅局限于领导身边的人，而是要大胆地提拔"新员工"，或从社会上公开引进优秀的人才。同时要用待遇、前途、培训、晋升等措施，大张旗鼓地奖赏那些优秀的人才和确实为团队作出巨大贡献的员工，以激励中间者、推动后进者。总之，一句话，用人讲究的就是实实在在，看重实际效果，切忌空谈，这实际上也是职业经理人检验自身能力的一个标准。

（4）用科学的理念来运营。用科学的理念来运营是保证企业能够正常发展的不二法门。那么，应该怎么做才算是科学的运营呢？

第一，要完善企业的组织结构，所谓"麻雀虽小，五脏俱全"，不管企业有多小，都要把各个部门完善起来，并且使其真正做到各司其职，发挥出各自的功能。第二，建立健全的激励机制，以品德、能力、绩效为重点考核项目，选拔、聘用德才兼备的人才，并给予鼓励。但在真正的实践中，一定要注重细化目标、遵循流程、避免浮躁的心理或感情用事。第三，建立公开务实的自我纠错制度和完备的执行程序，既不放纵姑息，也不矫枉过正。第四，建立科学的以人为本的管理制度，在工作、生活等各个方面，尽量体现出方便员工、尊重员工的人性化要求。第五，弘扬企业文化。一家企业不管做得多大，如果没有企业文化，那么这家企业就没有凝聚力，所以企业的生命力也不会长久；相反，一家企业如果比较注重企业文化，那么即使这家企业现在的规模还比较小，但发展壮大那是迟早的事。正如老子所说："天下莫柔弱于水，而攻坚强者莫之能胜，以其无以易之。"企业文化就是如此，在潜移默化中对企业的各项经营和生产活动发挥着深远影响。所以，营造开放、信任、创新的企业文化是每一位管理者孜孜以求的目标。

（5）建立学习型团队。世界第一 CEO 韦尔奇曾经说过："一个企业学习的能力，以及把学习转化为行动的能力，才是终极的竞争优势。"的确，处在当今这个竞争十分激烈的时代，任何一家企业或者个人，如果停止了学习或者失去学习的能力，都将会被市场或社会所淘汰。所以，作为企业的决策者，必须建立起一个学习型的团队，才能使这个团队具有旺盛的生命力以及永恒的凝聚力。当然，所谓的学习，并不是什么都学，而应该有目的地去学，尤其是那些能够使自己的素质和能力得到提升的东西，一定要学。只有通过不断的学习，你才能够不断地更新观念，重塑自我，重新认识事物发展的规律，扩展和积累面向未来的能力。此外，作为管理者，你还必须做到一专多能，除了要成为在某个方面的行家里手，还要了解在管理的过程中所涉及的各个环节的基本知识。至于学习的形式，则不仅要向书本和专家学习，还要向竞争对手学习，向周围的同事学习，尤其需要虚心向员工学习，这样才能逐步达到知行合一的境界。

总之，要想成为顶级的 CEO，除了要在真正的实践中不断修炼基本功，还要不断地学习，不断地积累各方面的知识和经验，最后才能厚积薄发。当然，一定要相信自己，只要认准了目标，然后持之以恒地坚持下去，就一定能够实现自己的理想。

案例　娃哈哈集团公司董事长宗庆后：从平民到中国首富

在华夏这片神奇的土地上，有这样一家年销售收入突破 300 亿元，在营销史上屡屡演绎经典传奇，被称为"童话"式发展，并在竞争激烈的国际市场上敢和跨国巨头"叫板"的民族企业，这家企业就是——娃哈哈集团。而这家企业的掌门人，就是以个人财富 800 亿元成为 2010 年中国首富的宗庆后。

在中国，曾经在十几年中当过农民、插过秧、采过茶、晒过盐、烧过砖、蹬过三轮车、站在街头卖过冰棍的人，可以说是数不胜数。而在这些人当中，过了不惑之年后才开始创业的人也不计其数。但是，能够在短短的 20 年里，创造了中国商业史的奇迹，将一家只有 3 名员工的校办企业，打造成中国饮料的"巨无霸"，却只有宗庆后一人。而宗庆后所精心打造的这家企业，就是娃哈哈集团。

那么，在人生中扮演过很多身份的宗庆后，又是怎么成长起来的呢？娃哈哈集团又是经过了怎样的发展，最后才成为同行中的"巨无霸"的呢？

初中毕业后，16 岁的宗庆后就到浙江舟山农场、绍兴农场等地做工。这期间，他的主要工作是挖渠、搬砖头、筑海塘、挑盐等苦力活。

一个 16 岁的孩子，在偏远的海边拉着盐车艰难前行，来回路程是 15 公里，得到的报酬却只有一角五分钱的夜餐。

一年后，宗庆后辗转到了绍兴茶场担任生产调度，主要工作是种茶、割稻、烧窑，这一干，又是 14 年。

整整 15 年的时间，他一共拿到的工资不足 5000 元。

长达 15 年的重体力劳作，不知让多少"知青"放弃了曾经远大的梦想，但宗庆后却坚持下来了。

当时，宗庆后显得很"另类"，因为他既不喝酒、不打牌，也不串门，在艰苦的劳动中，他唯一的爱好就是读书，而且最爱读《毛泽东选集》。

多年以后，有人问他："在农村一待就是 15 年，而且是人生中最宝贵的青春，你不觉得后悔吗？"

宗庆后回答说："这 15 年，尽管是我人生当中最宝贵、最有希望成长的大好时光，而我却在农村中度过。看起来，我好像在农村没有什么作为。但实际上，这 15 年对我今后的人生产生了深远的影响，因为 15 年艰苦生活磨炼出了我坚强的意志，同时也使我练就了强壮的身体，为我以后创业打下了比较雄厚的基础。"

宗庆后成功后，常常以孟子的"天将降大任于斯人也，必先苦其心志，劳其筋骨，饿其体肤"这句名言来追忆当年的艰苦岁月，并不断地激励自己。

那么，宗庆后是凭借什么使自己从一介平民一步步迈向中国首富的呢？

白手起家

1979 年，在小学当教师的母亲退休后，33 岁的宗庆后回到了阔别多年的故乡杭州，准备接替母亲的职位。但由于他的文化程度太低，根本当不了教师，所以只能被安排在一所小学里当校工。这一干又是 8 年。

1987 年，宗庆后已经 42 岁了，对于大多数人来讲，应该已经开始迈向人生的辉煌，但对宗庆后来说，一切才刚刚开始。而这一年，不仅对于宗庆后，甚至对于整个中国饮料行业来说，都是值得纪念的一年。

在杭州上城区一栋普通的三层小楼中，上城区校办企业经销部向外转包，宗庆后意识到这很可能是他人生中最重要的机会，于是就带着两名退休教师，承包了这个"上城区校办企业经销部"。但是，承包需要资金，而宗庆后当时只是一位普通的校工，根本没有钱。于是，他开始东挪西借，终于凑够了 14 万元的启动资金。

就这样，宗庆后在 42 岁那年终于当上了"老板"，尽管只是代销人家的汽水、冰棍及文具纸张，但毕竟是自己开始创业了。于是，他骑着三轮车，走街串巷地叫卖汽水、冰棍，并把一箱箱课本和文具送到孩子们手中。或许当时谁也没有想到，这个在 42 岁时还在街头巷尾叫卖的中年人，仅仅过了 10 年，就成为一位能够左右中国饮料市场格局的风云人物。

从冰棒到娃哈哈

当时，中国市场出现了罕见的保健品热潮，三株、太阳神等风靡全国，宗庆后也动心了，他暗暗留心当时的市场趋势。在与孩子们做小生意的时候，宗庆后发现，孩子们都很喜欢吃零食，但零食吃多了，又不喜欢吃饭。对此，家长们都很头疼。"怎么才能让孩子们喜欢吃零食的同时也喜欢吃饭呢?"宗庆后心想。他环顾当时的市场,发现当时全国有 38 家企业生产营养液,但没有一家企业是专做儿童营养液的,精明的宗庆后意识到这是一条出路。

于是,经过一番筹划之后,宗庆后于 1989 年成立了杭州娃哈哈营养食品厂,开始生产儿童营养口服液。随后,凭借着良好的效果,以及"喝了娃哈哈,吃饭就是香"的广告,娃哈哈儿童营养口服液一炮打响,迅速在全国走红。

1990 年,创业只有 3 年的娃哈哈产值突破亿元大关,完成了初步的原始积累,并开始引起社会各界乃至各级政府的广泛关注。

小鱼吃大鱼

1991 年,娃哈哈儿童营养液销量飞涨,市场呈供不应求之势。但即便如此,宗庆后依然保持了一种强烈的危机感:"当时我感觉如果娃哈哈不扩大生产规模,将可能丢失市场机遇。但如果按照传统的发展思路,立项、征地、搞基建,在当时少说也得两三年时间,很可能会陷入厂房造好产品却没有销路的困境。"

宗庆后将扩张的目标瞄向了同处杭州的国营老厂杭州罐头食品厂。当时的杭州罐头食品厂有 2200 多名职工,严重资不抵债;而此时的娃哈哈仅有 140 名员工和几百平方米的生产场地。

摆在宗庆后的面前有三条路:一是联营,二是租赁,三是有偿兼并。显然前两条路是稳当的,而有偿兼并要冒相当大的风险。但宗庆后最终决定拿出 8000 万元巨款,走第三条路。

娃哈哈"小鱼吃大鱼"的举措在全国引起了轰动,最初包括老娃哈哈厂的职工,都对这一举措持反对态度。宗庆后最终力排众议,"娃哈哈"迅速盘活了杭州罐头厂的存量资产,利用其厂房和员工扩大生产,3 个月将其扭亏为盈,第二年销售收入、利税就增长了一倍多。

1991 年的兼并,为娃哈哈后来的发展奠定了基础,也让宗庆后尝到了并购的乐趣。之后,并购几乎成为娃哈哈异地扩张的主流手段:到 2002 年底,娃哈哈已在浙江以外的 22 个省市建立了 30 个生产基地,2002 年,娃哈哈共生产饮料 323 万吨,占全国饮料产量的 16%。

如果说早期的并购让娃哈哈迅速做大的话,那么与达能的策略性合作则帮助了娃哈哈做强。

1996 年，娃哈哈的产品已经从单一的儿童营养液扩展到了包括含乳饮料、瓶装水在内的三大系列，当时的娃哈哈效益还很好。

"但我感觉已经出现了危机，企业最薄弱的地方就是规模太小。"宗庆后再一次谈到了他的感觉，"当时除了营养液是我们的主打产品之外，果奶、纯净水都有与我们实力和品牌相差无几的竞争对手。"

宗庆后为此制定了一个投资金额几亿元的长远规划。"当时的情况下，如此巨额的投资，通过银行很困难，国内民间融资更不可能。最后，我们想到了国外资本。"

1996 年，娃哈哈的发展引起了国际资本的关注，在一家香港投资公司的协调下，娃哈哈集团以固定资产作投资，与法国达能等外方合资成立了 5 家公司，引进外资 4500 多万美元，随后又引入追加投资 2620 万美元，先后从德国、日本、美国、意大利等国家引进大量具有世界先进水平的生产流水线。

2000 年，娃哈哈集团每年饮料的生产数量达到 224 万吨，占全国饮料总生产量的 15%，在全国"饮料十强"中，其产量占到 37%左右。年销售收入为 54 亿元，利税 12.70 亿元，利润 9 亿元，其核心产品娃哈哈果奶、纯净水、ＡＤ钙奶、营养八宝粥等产品稳居全国销量第一，其中瓶装饮用水、乳酸奶饮料年产销量居世界前列。此时，娃哈哈集团已非"昔日阿蒙"，它已经发展成为我国最大的食品饮料企业之一，在全国十多个省市有 40 余家全资或控股子公司，总资产达到 44 亿元。

2001 年 11 月，娃哈哈集团以 2015 万元的价格，独霸 2002 年 1、2 月新闻联播与天气预报之间的黄金广告时间。此后，娃哈哈真正进入高速发展的快车道。

2007 年，娃哈哈集团实现营业收入 258 亿元，它在资产规模、产量、销售收入、利润、利税等指标上已连续 10 年位居中国饮料行业首位，成为目前中国最大、效益最好、最具发展潜力的食品饮料企业。

向国际巨头"叫板"

2007 年"两会"期间，达能提出以 40 亿元代价收购娃哈哈旗下所有非合资公司的 51%股权。让宗庆后感到意外的是，"娃哈哈"这一品牌只能归合资企业所有，其他企业不得冒用。

原来，娃哈哈当初与达能签订合同时，由于急于合作，并未对娃哈哈品牌使用的排他意义作更深考虑，仓促之下，中了达能的"埋伏"。面对着达能的这些伎俩，宗庆后愤然道："这简直就是要挟。"他十分清楚，娃哈哈产品的生产和销售，达能不可能不知道，之所以一直没有反应，直到现在才提出吞并，这是外资并购国内行业领先品牌的惯用手法。

随后，达能集团于 2007 年 4 月 11 日在上海举行新闻发布会，声称达能已于 4 月 9 日正式向宗庆后发出通知函，如果 30 天内娃哈哈公司管理层不采取任何行动，达能将启动法律程序，就违约责任提出正式诉讼。6 月 6 日，宗庆后提出辞呈，并于次日上午发表《给法国达能集团董事长里布先生及各位董事的公开信》，谴责达能背信弃义。当天下午，达能就同意了宗庆后的辞职，并任命曾放言"宗庆后将在诉讼中度过余生"的达能亚太区总裁范易谋临时接替合资公司的董事长之职。

至此，事态开始全面升级，法国驻华大使、相关国家主管部门也对此表示了关注，商务部正式表明"将严格按照相关外资并购的法规行事"的原则。

值得一提的是，在娃哈哈与达能交锋期间，娃哈哈的经销商们并没有闲着。6 月 8 日，来自娃哈哈全国经销商代表，全体销售将士，销售公司市场部代表和娃哈哈秋涛、下沙、乐维三大生产性基地职工代表向媒体发表了六份新的《公开声明》，均表示了对达能的不满和对宗庆后的声援。在各地经销商大会上，经销商对达能的声讨更是如火如荼。尽管这些举动带有宗庆后"群众路线"策略的嫌疑，但不可否认的是，在国内确实很难再找出一家像娃哈哈这样的公司，能团结如此庞大的经销商团体为自家造势了。

于是，宗庆后强硬地表示："大不了不要这个品牌了，另起炉灶！"而宗庆后之所以敢于叫板达能，其杀手锏在于娃哈哈遍布全国的渠道网络，这实际上也是达能最想争取的资源。

2008 年 3 月，达能年报中不再将娃哈哈合资企业的销售利润记入主营业务利润，而视为投资收益，这实际上已经暗地里承认收购娃哈哈非合资公司部分的失败。

天道酬勤

认识宗庆后的人，在谈到他的成功时，都有着一样的反映——"迟早的事，也是在意料之中、情理之中，这么勤奋、用心的人，怎么可能不成功呢?"

还有人用了一个通俗形象的比喻来形容宗庆后:"毛泽东式的谋略+愚公移山式的坚持"。这实际上也揭示出了宗庆后获得成功的奥秘,没有别的,正所谓天道酬勤,宗庆后的梦想,就是靠着自强不息,在坚持中一点一点打拼出来的。

我们不妨再来回顾一下宗庆后的人生历程:上山下乡15年,坚持理想,坚持挑灯夜读;开始创业后,从卖冰棒到儿童营养液,再到果奶、AD钙奶、纯净水、非常可乐、营养快线、婴幼儿配方奶粉……年年坚持推陈出新,挑战业绩新高;每天工作时间超过16小时(早7:00—晚11:00),坚持自己走市场,看终端,亲笔撰写销售通报,二十年如一日!这样的人,老天爷怎么忍心辜负他呢?

虽然获得了如此巨大的成功,但宗庆后的生活却依然很节俭,而他说的最多的一句话就是:苦惯了!

平常穿的用的东西,从来不在乎是不是名牌,只要能用就行;吃东西从不挑三拣四,能够吃饱就行,一天三餐几乎都在公司食堂吃;起草通报、指示之类的文件,一直都在废纸的背面书写。总之,作为中国的首富,宗庆后每天的消费不会超过50元。

与之相呼应的,娃哈哈也是一个以"省钱"出名的企业,很难想象一个全国饮料业的龙头老大,其办公总部竟然在一个6层的小楼中,上面只有"娃哈哈"三个字显示着它的身份。当有人问宗庆后,为什么娃哈哈这么多年来,一直坚持着创业时期的艰苦朴素时,宗庆后很坦然地回答:"一分一厘,当思来之不易。"他还说,"娃哈哈作为饮料企业,一瓶水只挣几分钱。"所以,如果评选中国最勤劳和最节俭的企业家,宗庆后肯定当之无愧。

第十六章
中国顶级 CEO 的
终极目标

　　记得小时候，大人们就曾经这样问过我们："你长大后最希望做什么呢？"而我们的回答也可谓是五花八门，但也不外乎是想当教师、科学家、企业家、警察、解放军、飞行员等。转眼间，二十多年过去了，当年的孩子，如今也已经是二三十岁的人了。但是，再仔细想想，当时我们在大人面前说出的那些愿望，又有哪几个真的实现了呢？其实，当年的那些愿望，有的刚说出来没过多长时间就被我们抛到脑后去了，有的由于客观的原因而破灭了，有的由于我们又有了更好的愿望而被放弃了……而那些愿望我们之所以无法实现，究其原因是因为我们没有一个终极的目标，于是这些愿望最终往往只能是愿望，有的甚至是奢望。

通过辛勤工作获得财富才是人生的大快事。

——巴尔扎克

1. 永远保持创业的激情

美国微软集团董事长兼首席软件架构师比尔·盖茨曾说过："我们公司的核心文化就是激情文化，员工必须要有激情，才能全身心地投入到工作中去，而技巧是可以培养出来的……"微软公司的创办正是源自比尔·盖茨的"不做就一辈子都不会甘心"的创业激情，为此他放弃了学业，全身心地投入到了软件创业的理想中，最终成就了大名鼎鼎的微软公司。

创业的首要条件是"要有激情"，对于这点，马云作为阿里巴巴的缔造者，同样深有感触：

"电子商务是一个新的领域，我们最重要的是永远为你所激情的事情激情下去，做电子商务不容易，今天有这么多人在，我非常高兴。从事网络的人，尤其是这几年活下来的人，经历的事情太多……"

2004 年，在国际电子商务大会上，马云说出这一段话时无疑带着一种由衷的感慨。1995 年，马云辞掉了大学英语教师的职位，毅然"下海"，至这次国际电子商务大会的召开，已经过去了 9 个年头，而马云所走过的路程，用"永远激情"来概括再合适不过了。

让我们一起来回顾马云的创业之路吧。

在 1994 年的一次美国之旅中，马云"触网"，并立即意识到互联网可能有潜在的巨大的价值。1995 年，马云告别大学讲台，下海创办了"中国黄页"，这是第一家网上中文商业信息站点，是国内最早的面向企业服务的互联网商业模式。多年以后，马云也因此被称为"中国互联网之父"。

然而，当时几乎所有中国企业对于在互联网上打广告、作宣传都抱着强烈的怀疑态度，马云的这个"中国黄页"被当做骗子的勾当也就不足为奇了。但马云坚信，随着企业生存与发展环境的不断变化，"中国黄页"的价值必然会得到充分的体现。经过两年的艰苦拓展，越来越多的国内企业开始接受这一服务。而就在这时，一些国内投资者蜂拥进入了"黄页"市场，作为创始者的马云由于没有任何背景，最终不得不放弃"中国黄页"，另寻出路。

1997 年底，马云带着他的团队进驻北京，与外经贸部合作开发外经贸部官方站点、网上中国商品交易市场等一系列国家级站点。但是这次合作并没有持续多久，主要原因是特立独行的马云不能忍受左右受制的局面。于是在 1999 年，马云返回杭州，以 50 万元人民币创业，建立阿里巴巴网站。

这一时期，正值中国互联网最疯狂的时候，新浪、搜狐、8848 风生水起，互联网被人们称为"烧钱"的行业。作为其中一员，马云和他的追随者们也被认为是一群疯子。疯子就疯子，经历了几次创业磨炼的马云至此将阿里巴巴作为他到达光荣和梦想彼岸的理想之舟，他要做的就是充满激情地向前走，永远地走下去。

现在回头去看阿里巴巴保存的一段录像，会觉得很有意思，录像记录的是 1999 年阿里巴巴刚成立时，在杭州湖畔花园马云家，马云妻子、同事、学生、朋友共 18 个人围着马云，听他慷慨陈词：

"从现在起，我们要做一件伟大的事情。我们的 B2B 将为互联网服务模式带来一次革命！"

留着长头发的马云手舞足蹈，充满激情：

"你们现在可以出去找工作，可以一个月拿三五千的工资，但是 3 年后你还要去为这样的收入找工作，而我们现在每个月只拿 500 元的工资，一旦我们的公司成功，就可以永远不为经济所担心了！"

事实上，马云的话多少带着些理想主义的色彩。在阿里巴巴成立的最初几年，由于没有找到适合的赢利模式，公司不仅没有收入，还背负着庞大的运营费用。2001 年，受世界经济衰退及 IT 泡沫破灭的影响，中国的互联网行业跌入低谷。这一时期，一些知名的".com"公司，例如，新浪、网易处境都很艰难，8848 网站甚至被法院查封，而一些还未成气候的公司也大批大批地死掉了。

在这样艰难的境况下，马云相信，人总是需要有些狂热的梦想鼓舞自己，做阿里巴巴不是因为它有一眼可见的前景，而是因为它是一个不可知的巨大梦想。

2002 年是网络泡沫破灭最为彻底的时期，马云将阿里巴巴当年的发展主题定位为"活着",他希望公司员工坚持下去,等待来年春天的到来。到了年底,阿里巴巴不仅奇迹般地活了下来,并且还实现了盈利。马云后来将这一切归功于坚持。

很多人比我们聪明,很多人比我们努力,为什么我们成功了?难道是我们拥有了财富,而别人没有?当然不是。一个重要的原因是我们坚持下来了。

2003 年,马云提出要全年赢利 1 亿元,这样一个看似完全不可能的目标,年底竟也被阿里巴巴轻松地完成了。

马云又说,2004 年,我们要实现每天赢利 100 万元;2005 年,我们要每天缴税 100 万元……

每一个目标的提出,都会招致诸多反对的声音,但是马云就像是一个神奇的造梦者,每一个当初看似不可能实现的梦想后来都一一成为了现实。

2007 年 11 月 6 日,阿里巴巴 B2B 公司在香港上市,一举成为中国最高市值的互联网公司,这还不包括它旗下的淘宝、支付宝、阿里软件、中国雅虎、阿里妈妈和口碑网。

除此之外,这次上市还破了多项港股纪录,例如,近年来香港联交所上市融资额的最高纪录、香港历史上 IPO 认购冻结资金额的最高纪录、香港历史上首日上市飙升幅度的最高纪录……

阿里巴巴还是全球范围内自 2004 年谷歌上市以来,IPO(Inital Public Offerings,首次公开发行股票)融资额最高的科技股,实际融资额达到 16.9 亿美元,超过了当年谷歌的融资额 16.5 亿美元。

阿里巴巴 B2B 公司上市无疑是中国互联网 2007 年度最重要和最有影响力的事件。而这一事件也不过是当初马云激励他的团队时提到的其中一个梦想。

马云希望,当他到 60 岁时,还能和现在这帮做"阿里巴巴"的老家伙站在桥边上,听到广播里说,"阿里巴巴"今年再度分红,股票继续往前冲,成为全球……马云说道:"那时候的感觉才叫真正成功。"

马云的成功绝对不是偶然,而他要将激情进行到底的勇气和信心,更值得我们敬佩和学习。所谓学无止境,只要你愿意努力,只要你肯攀登,那么你就会发现,人生的美景无处不在。当然,说起来容易,但要真正做到却很难。其实，很多人不是没有尝试过，只是大都努力了一段时间之后，要么觉得自己现在已经算是小有成就了，不想再奋斗；要么觉得自己离成功实在太远，于是选择了放弃。因此，除了具备人生的终极目标之外，我们还要有一颗努力向上的恒心，因为在通往成功的道路上，会有很多的艰难险阻，毕竟是"道高一尺，魔高一丈"。所以，在努力的同时，我们还应该做好吃苦耐劳的准备。当然，一定要相信——有付出，就会有收获。相信总会有一天，你一定会欣赏到人生中不一样的风景。

2. 尽力而为还不够

　　戴尔·泰勒是美国西雅图一所著名教堂里的一位牧师。有一天，这位德高望重的牧师在给教会的学生们讲完课后，又给他们讲了这样一个故事：

　　有一位猎人带着猎狗出去打猎。在路上，他们突然碰到一只兔子，猎人二话不说，举手就是一枪，子弹击中了兔子的后腿。兔子受伤后，知道有人要射杀自己，于是拼命地逃生，而猎狗则在它的后面穷追不舍。可是，没过多长时间，兔子就把猎狗给远远地甩掉了。猎狗知道自己已经不可能追上兔子了，于是只好悻悻地回到猎人身边。猎人一看，气急败坏地说："笨蛋东西，连一只受伤的兔子都追不上，你是干吗吃的？"

　　猎狗听了猎人的训斥后，不服气地为自己辩解道："那只兔子跑得实在是太快了，我也没有办法呀，你也看到了，我已经尽力而为了呀！"

　　再说兔子逃回家之后，兄弟们一看它的样子，就问它是怎么回事，兔子便把自己刚才的遭遇跟它们说了一遍。兄弟们听后，都十分惊讶，并好奇地问它："你受了这么重的伤，那只猎狗又那么凶，你是怎么把它甩掉的呢？"

　　兔子回答说："它只是尽力而为，而我是竭尽全力呀！你们也知道，它追不上我，回去后最后也就被骂几句，但如果我不竭尽全力地跑，那可就连命都没了呀！"

　　讲完这个故事之后，泰勒牧师又向全班同学郑重承诺：不管是谁，只要他能够把《圣经·马太福音》第五章到第七章的内容全部背出来，那么他就邀请那个人到西雅图的"太空针"高塔餐厅参加免费聚餐会。

参加"太空针"高塔餐厅的免费聚餐会？这是许多人梦寐以求的事呀！但是，《圣经·马太福音》第五章到第七章的全部内容，总共有几万字之多，而且很不押韵，可以说要把这三章的内容全部背诵下来，其难度是可想而知的。所以，几乎所有的同学都望而却步了。

然而，谁也没有料到的是，几天后，一个年仅 11 岁的男孩，却胸有成竹地站在泰勒牧师面前，将《圣经·马太福音》第五章到第七章的全部内容一字不漏地背诵出来，而且背到最后时，简直成了声情并茂的朗诵。

作为一名牧师，戴尔·泰勒比谁都清楚，即使是成年人，能够在这么短的时间内把这些内容全部背出来，也是很少见的，更何况是一个孩子呢？于是，泰勒牧师在赞叹男孩那惊人记忆力的同时，不禁好奇地问："你到底用的是什么方法，能够在这么短的时间内，背诵出这么长的文字呢？"

男孩不假思索地回答道："没有什么特别的方法，我只是竭尽全力！"

16 年后，这个男孩创办了一家举世闻名的公司——微软公司，这个男孩的名字叫——比尔·盖茨。

从比尔·盖茨的这个故事中，至少我们可以得到这样的启示：一个人要想出类拔萃，要想创造奇迹，要想实现自己的梦想，仅仅做到尽力而为还是远远不够的，必须要做到竭尽全力才行。

我们姑且不说比尔·盖茨在 11 岁时对《圣经》的内容到底能够理解多少，单从他的这种竭尽全力的风格来看，就知道他日后之所以能够取得如此巨大成就的原因了。其实，即使比尔·盖茨没有创办微软公司，而是从事其他行业，他也同样会获得成功，而原因不是别的，就是竭尽全力。

或许有人会说，年轻的时候，可以竭尽全力，所以容易取得成功。但是，一旦老了，年龄摆在那里，身体条件摆在那里，即使你还想竭尽全力，也是心有余而力不足了呀！那么，是不是人老了之后，就真的不会取得什么突破性的进展呢？当然不是。其实很多人就是因为坚持不懈地学习，从而使自己老有所成，老有所为了。比如著名的画家齐白石，他年轻的时候只是一个小木匠，但他在工作之余，却独守陋室，苦心作画。成为职业画家之后，曾经五出五归，却始终怀才不遇，在 60 岁之前一直默默无闻。但白石老人并没有因此而放弃，而是开始对自己的绘画风格进行变法，最后终于在衰年之时声名鹊起，成为享誉中外的一代艺术大师。

3. 感谢伤害过你的人

　　不管是在生活里，还是在职场中，谁都难免不会遇到小人，但是否要和小人计较，就取决于你了。如果是道不同，不相为谋，大家互不干涉，倒也不会有什么麻烦。只是小人终究是小人，如果不给你惹点事，他会心里痒得难受。而面对小人的陷害，我们也没有必要因此而难过，因为这正好磨炼了你的意志，提高了你的抵抗力，相信经历过这些干扰之后，你一定会对生活和工作有更多的感悟。

　　于涛是一个胸怀很宽，而且很随和的人，不管他走到哪里，都会把微笑带到哪里，所以于涛的人缘很好，每一个和他交往的人，都感到很快乐。而于涛身边的很多人在羡慕他的同时，也认为这是老天爷对他的眷顾，让那些烦恼和忧伤的事情都远远地躲着他。

　　于涛原来在一家公司里当部门经理，由于才能出众，业绩突出，所以公司董事会决定把于涛提拔到一个更高的位子上。然而，就在这个关键的时刻，于涛却突然遭到了"意外"——有人冒充于涛的名义给有关部门写信，举报公司董事长有经济问题。这一下子，公司上上下下开始议论纷纷，许多不明真相的人都指责于涛表里不一、口蜜腹剑、狡诈阴险、阳奉阴违。几经权衡后，于涛决定辞掉那份工作，离开那个是非之地。

　　于涛辞职之后，于涛的很多朋友都知道他是被小人陷害的，于是便想请于涛一起吃饭，然后好好地安慰和开导他。因为他们都认为，于涛受到了这样的打击之后，一定会非常的苦闷、忧伤，甚至会做出一些傻事来。然而，当朋友们给于涛打电话时，才知道他正在国外旅游。一个月后，游览了世界各地大好河山的于涛终于回来了。在一起吃饭的时候，于涛的朋友才了解到，有关部门已经查清了此事，并洗清了于涛被嫁祸的罪名，公司还邀请于涛重新回到公司继续干，那个新的位子也一直都给他留着，但此时的于涛已经接受另外一家新公司的聘请了。

朋友们都好奇地问于涛："你本来做得好好的，而且马上就要晋升了，却突然遇到这样的意外，你难道一点都不觉得气愤吗？"于涛微微一笑，坦然地说："如果不是因为这个意外，我怎么有机会到世界各地去旅游呢？你们知道吗？这次出去旅游，让我的眼界也开阔了不少呀！再说，如果没有这次的打击，我怎么会有机会到现在的这家公司呢？现在的这家新公司不仅待遇比原来的公司好，而且发展前景也很好呢！"听到于涛这样说，朋友们还是有些"不甘心"，于是又继续追问："那你知不知道是谁陷害你呢？你难道就真的一点也不恨那个人吗？"于涛正要回答，突然他的移动电话响了，于涛接起电话后，和对方寒暄了几句，突然急切而坚决地跟对方说道："你千万别告诉我是谁，我真的不想知道……"

原来，那个电话是于涛原来公司的一个同事打来的，对方本来想告诉于涛，是谁陷害了他，但被他拒绝了。于涛的朋友们更是不理解，于是又问他为什么不想知道是谁陷害了自己。于涛笑了笑，说："如果我知道了，我可能就会记恨那个人。如果我永远不知道，我就会少了一个记恨的机会。你们想想看嘛，一个人的心就那么大，只有少装一份仇恨，才能多装一份快乐呀！"

是的，"一个人的心就那么大，只有少装一份仇恨，才能多装一份快乐"，这是一句多么富有哲理的话呀！在我们成长的过程中，总会遇到各种各样的事，碰见各种各样的人，而那些小人实际上只是我们生命中所碰到的一根小小的刺，如果我们因此而产生仇恨，并任由这些仇恨在心里生长，那么我们的快乐又怎么可能找到立足之地呢？所以，我们一定要学会忽略掉一些东西，比如仇恨、烦恼、嫉妒、伤害……只有忽略了这些，才能在我们的心里装下更多的快乐，我们也因此而变得更加坚强。

其实，只要我们换个角度想一想，就不难明白，那些曾经伤害我们的小人，实际上正是我们人生中的"逆境菩萨"，正是他们的伤害，才会激发出我们奋发向上的勇气和能量。因此，在职场中，当我们遭遇到挫折和伤害时，到底选择上升还是下坠，实际上并不是由对方决定的，而完全取决于我们如何看待这些问题。如果你在遭遇到小人的打击和伤害时，仍然能够体会到生命的顽强，那么你就会对这些伤害发出坦然的微笑，然后将所有的打击都转化为动力，将所有的挫折都转化为动能。这时，你就会明白，那些打击和伤害你的小人，正是上天赐给你最好的礼物，也是上天对你最好的成全。

正如歌中所唱的那样："不经历风雨，怎么见彩虹，没有人能随随便便成功。"很多人，他们之所以能够获得成功，迈向人生的辉煌，并不是偶然的，也不是随随便便就能够获得的。可以说，每个人活在这个世上，多多少少都会受到一些伤害，而对于这些伤害，从消极的角度来说，那是你生命中的劫数；从积极的角度来说，那是老天爷在给你机会。所以，一个人能否得到快乐，能否获得成功，与他在面对伤害时的心态是不无关系的。正是他们处在生命的低潮时依然保持着微笑，才能掌握住逆势中的反向力量，乘势而起。

古人曾说过："处逆境时，须用开拓法；处顺境时，要用收敛法。"实际上是在提醒我们，当我们面对困境时，千万不要退缩，而是要迎难而上，不断地开拓自己的潜能；而当我们觉得自己很风光时，则要保持低调，免得成为小人陷害的目标。但是，很多的伤害并不是我们想躲就能够躲得开的，所以当那些无谓的伤害找上门来时，就当是老天爷赐给我们的礼物吧，让我们收下它，然后再放下它。这样，我们就能够轻松地继续往前走了。当然，我们还应该感谢那些曾经打击和伤害过我们的人，因为正是他们，才让我们不断地超越自我，并越来越成熟、勇敢和无畏！实际上，如果没有重重跌倒过，又怎么会有风风光光地站起来呢？

让我们把最美的微笑，送给曾经伤害过我们的人吧！告诉他们，我们不但没有被打倒，而且活得很好；让我们把最真诚的谢意，送给曾经打击过我们的人吧！感谢他的"栽培"与"激励"，让我们的生命多了一份坚强，少了一份脆弱。

是的，送一抹最美的微笑，给那些曾经打击和伤害过我们的人——我们的成长，就是对他最好的赞美；我们的微笑，就是对他最好的祝福。

4. 大智若愚，大巧若拙

在日本的商界，有一位大名鼎鼎的"经营之圣"，他是世界上唯一缔造了两个世界 500 强的企业家。他的名字叫稻盛和夫。

1959 年，稻盛和夫用 300 万日元创建京都陶瓷公司时，他的手下只有 26 名职员。然而，稻盛和夫硬是与这 20 多名员工一起摸爬滚打，到当年的年底时，竟然为公司盈利 316 万日元。从此，他便一发不可收，在商场中冲锋陷阵，经过 40 多年的奋斗与拼搏，终于把京都陶瓷公司建成多元化的集团公司，并迅速跻身于世界 500 强的行列。

对于自己所取得的这些成就，稻盛和夫这样总结道："我赤手空拳创业至今，仅仅 40 年的时间，就取得这样的发展，那不是因为我拥有了什么超群的才能。恰恰相反，是因为我的身上有很多这样那样的'毛病'。"

那么，稻盛和夫所说"毛病"，到底是什么呢？原来，稻盛和夫经常跟员工谈起了自己的"光荣"历史，而这些所谓的"光荣"历史，实际上就是他过去所干的坏事。比如，稻盛和夫还在上小学的时候，在上学的路上曾经恶作剧地用小木棍去挑女同学的裙子；在战后的混乱时期，曾经偷偷摸摸地到木材商店去偷窃木材；创业初期，曾经因为偷税逃税而被税务局罚款并警告……对于这些隐私和丑闻，要是换作其他的企业家，掩盖和回避还来不及呢！怎么还会主动将自己的这些糗事和员工们一起"分享"呢？然而，这也正是稻盛和夫真正有智慧的地方，由于他勇于解剖自己，虽然在员工面前展现出了自己粗糙的一面，但也让员工们看到了他的本质，让员工们觉得自己的领导也不是完人，是和他们一样的，可以亲近的。这样一来，稻盛和夫与员工之间的距离一下子拉近了不少，并增进了上下级的心理融合度，从而达到规则透明、一动而全动、一呼而百应的目的。

稻盛和夫之所以能够在激烈的现代商战中取得节节的胜利，当然与他艰苦卓绝的奋斗分不开。但很多人都在奋斗，为什么偏偏只有他能够缔造了两个世界 500 强呢？那是因为他真正地了解了人性，了解了人无完人的道理，更了解了粗糙中的真实与美感，这就是所谓的"大智若愚，大巧若拙"呀！

案例 "玻璃大王"曹德旺：取之于民，用之于民

2009 年 2 月，"玻璃大王"曹德旺宣布了一个惊人消息，把自己及其家族名下的 60% 股票捐赠给基金会。按市价计算，这笔资产总价高达 40 亿元。此事一经宣布，不仅在社会上传得沸沸扬扬，甚至家里也像炸了锅一样吵起来。当时，曹德旺正在欧洲出差，回来后才知道事情闹大了。

那么，曹德旺是何许人？他为什么一下子就敢于捐出 40 个亿？原来，

这个曹德旺可是大有来头，他不但是一位慈善家，而且还是福耀玻璃集团的创始人、董事长。据说，在全中国的汽车中，每两辆就有一辆用的是福耀集团的玻璃。而在全国的慈善家中，能够连续 5 年登上富豪排行榜的只有 16 名，曹德旺就是其中的一位。在 2008 年胡润慈善榜中，他以捐赠金额 1.46 亿元位居第 14 位。

赚钱比别人强

在曹德旺的简历介绍上，在学历一栏赫然写着"初中"两个字，他 9 岁上小学，初一就辍学回家。但是，和曹德旺有过接触的人，没有一个人认为他的文化水平仅仅是初中。对此，曹德旺也颇为自豪地说："我跟很多人聊天，都没有告诉他们我初中没毕业，但我可以跟任何人讨论问题。因为从那时开始直到今天，我每天至少要读两个小时的书。"

因为家里穷，曹德旺 14 岁辍学后，就在家放了一年的牛。所以，曹德旺的经商生涯是从十五六岁开始的，开始做烟丝生意，一做就是 5 年。其间，来来回回折腾做了许多事。比如，1969 年他开始种白木耳。为了生计，他还出门打过工。

真正摸到生意的窍门，是他在 1973 年做树苗生意时，用 3 年时间赚了好几万元，而那时候的几万元，相当于现在的几百万。当时，曹德旺一个人包揽了整个村的生意，几乎是无本生意。

1976 年，曹德旺开始转行，做起乡镇企业采购员。他认为做这一行，一定要培养一批朋友，只要在一起玩，吃的喝的反正全是他埋单。因为他坚信，在赚钱方面，他要比别人强，所以从来都不担心会没钱花。

不是做玻璃而是印钞票

1983 年，一次偶然的机会，曹德旺开始进入玻璃生产这一行。

福耀玻璃的前身是福清市高山镇一家乡镇企业高山异型玻璃厂。此时的曹德旺身无分文，而这家企业一直亏损严重。他承包时没花一分钱，相反第一年就赚了 20 多万元。

这又是一笔无本生意。曹德旺接手后就放出"狂言"，说年底一定可以上交 6 万元。当时谁都不信，"上交剩下的，我说不如我拿 40%，高山镇政府拿 20%，其他作为固定资产。"就这样成交了。曹德旺骄傲地说，这就是他"手段高"的地方。

"原来一片玻璃的成本是 4 毛多，我包的那一年成本降到 4 毛 6 分；工人工资从 18 元提高到 40 元；原来一年才卖几十万片玻璃，我那一年是 200 万片。"仅一年时间，玻璃厂赚了 20 多万元。按照利润分成，曹德旺赚了 6 万元。

从此，曹德旺便有了把玻璃厂做大的想法。玻璃厂设备陈旧，但镇里不愿意投钱。于是曹德旺便把赚的钱拿出来，5 个人一起投资。然后又把父亲盖的房子拿出来抵押入股，占 50%，向银行贷款，购置了生产设备。

后来，曹德旺发现做汽车玻璃更能赚钱，于是从 1985 年开始，转做汽车玻璃。而且速度极快，1 月 1 日开始改造工厂，前 6 个月投产，后 6 个月便赚了 70 多万元。这在当时看来，简直不可思议。所以当时有人说，曹德旺他们"不是做玻璃的，而是印钞票的"。

6 个模具做遍天下玻璃

1987 年的一天晚上，县委县政府组织开会，商量高山玻璃厂搬迁的事。福州那边的企业知道后，一家拿出一点股，11 个股东集资 627 万元，在高山异型玻璃厂的基础上成立了中外合资耀华玻璃工业有限公司。

公司成立时，曹德旺就预测一年能赚 500 万元，但很多人都说他这是痴人说梦。结果 1987 年一年就纯赚了 550 万元。

当时沿海进口轿车很多，由于没有替代产品，所有轿车玻璃都要依靠进口，维修费用十分昂贵。如果谁能够做出同样的产品替代进口，就是一个巨大的市场。而曹德旺赚的就是这个钱。

"一片玻璃成本一二十元，拿去卖四五百元，可以说是暴利时代，但没违反国家政策。"曹德旺一开始做固定模具，有个厦门人来找他取经，想做代理。"我怕被骗，就跟他一起去。"没想到居然改变了企业的命运。

"厦门人的玻璃厂在一个生产队里，整个家当顶多几百元。一般人看到这场景就走了，而我发现了他的一个万能模具，几乎可以做所有的玻璃。于是暗暗把他做模具的方式学了。"就这样，福耀靠 6 个模具做遍了天下的玻璃。

曹德旺笑道："两年后我去瑞士，发现瑞士模具的原理跟我的一模一样。"

1987 年到 1991 年是汽车玻璃的暴利时代，这几年是曹德旺迅速占领市场的黄金时间。

品格与责任的完美结合

曹德旺是一个品格高尚，而且很有责任心的企业家，在谈到做企业时，他说："方向决定结果，追求的目标端正了，就决定了你的进步。"同时，他还根据自己的发展经历，得出了这样的结论："一个企业家要把事情做好，一定要热爱自己的国家，这种热爱不仅会给自己带来财富，而且还会成为做事业的动力。"

坚定的目标方向、坚毅的性格和强大的意志品质，使得经历过刻骨铭心岁月的曹德旺明白，中国的希望在于中国人自己的觉悟。如果每个行业都有人执著地把自己的事业与国家联系起来，而执著于这项事业的人，不但能够成为自己这个行业的领袖，为自己与社会创造财富，而且有机会跻身于世界这个大舞台，为世界创造价值和财富。

曹德旺更明白，"作为企业家，做小事情靠的是技巧，而做大事则要靠眼光和人格魅力"。作为一名商界领袖，在 30 多年的企业家生涯中，曹德旺认为自己的成功，最大的经验就是做事如同做人，不论做人做事，还是做产品，都要始终"以诚为本"。从创建福耀公司以来，曹德旺便将这种思想、这种精神带到了企业中来，带到了每位福耀员工的精神上来，始终把客户的利益放在第一位，提供优质的产品和优质的服务，不走私，不偷税，不投机取巧。忙碌之余，他也不忘作为一名雇主的责任和义务，企业的成功——员工才是关键因素。他在公司设立福耀管理学院，将技术人员送至国外优秀企业进行学习深造，聘请国外知名培训机构为公司员工开展培训，提升员工的综合素质。同时，集团内刊《福耀人》每期的重点栏目《董事长寄语》，均是由他亲自撰文谈自己对经营管理和做人做事的感悟——"教导后生，是我的责任。"

曹德旺就是这样，以实际行动去带动、影响身边的人。平时只要有空，他就会找书看，无论古今中外，入眼皆可读，读来皆入心。并结合生活对照自身，举一反三，触类旁通。渐渐地，聪明的他成了一位博古通今的"杂学家"。他结合传统儒家思想为自己总结出了一套"成功 5 字真经"：仁、义、礼、智、勇。"仁是仁慈善良，是健康包容的心态；义，是道义责任，是敢于承受勇于担当的胸襟气度；礼，是礼仪，做人的分寸和对人对事应有的尊重；智，是智慧、眼界和看事情要有穿透力和前瞻性；勇，是敢于挑战未来、挑战自身极限的勇气。"

"企业家的事业是风险事业，是非常麻烦的一个事业。但企业家精神不提倡冒险，'挑战自我，挑战极限；谋求发展，兼善天下'，这四句话伴随着我走过了这 20 多年。"

充满仁爱的钢铁战士

曹德旺经常说："做事业，有崇高的感觉，才可以做成。我们的国家是人口大国，经济型人口很缺乏，消费人口多，我们在有限时间内能够做多少呢？时间总是不够用。"

曹德旺还是福建高尔夫球协会会长，打球是他唯一的业余爱好。别人都将打高尔夫作为交际方式，但是他却只打球不理人，从来都是一个人三下五除二打完就走。他也从不出现在时下走红的企业家们常出没的各种沙龙聚会场所。他像一个苦行僧，抓紧一切时间工作，没有休息日，每天早晨 4 点钟就起床。日复一日对脑力和体力的透支，使他看上去比实际年龄要苍老许多。

他甚至连吃饭的时间也不放过，用餐时间一般是五六分钟，往往是中层干部们还没溜达到餐厅，他就已经吃完饭开始看报纸了。

他以身作则，使很多中层干部在工作中不断自觉地给自己施压。据盖洛普公司统计，普通公司只有 20% 的中层干部会有这种"带自虐倾向"的施压，有 30%~40% 的人如此，就已经是非常优秀的公司了，而福耀集团中层干部内这样的人达到 80%！这也从另一个角度解释了福耀集团为什么能迅速崛起的原因。有不止一个中层干部表示："不断给自己施压，是受了曹董充满了社会责任感和民族责任感的企业家精神的感染。另外，因为曹董帮助困难员工总是很慷慨，这让员工们对他非常尊敬。"

真正的快乐来源于心灵，来源于善良。董事长很俭朴，"我常说，花钱的人不会赚钱，赚钱的人不会花钱。成天想着怎样花钱的人，他们有多少时间做事？他们需要更多的时间去花钱。如果我不是有应酬，一年 1 万块就够了。"

他性格奇倔，但又是个善良的性情中人。他已记不清自己资助了多少穷苦孩子从中学读到大学毕业，为多少次灾难提供过援助。他年轻时吃过太多的苦，知道穷困会从精神到肉体给人带来多么大的摧残打击，所以他对社会困难有求必应，他给所有员工创造最好的工作和生活条件。

　　他是一个真实的人，从不矫饰内心的想法；他是个坦荡的人，没有什么不可以推心置腹地与人交谈，他可以充满爱意地谈他大字不识的结发妻子；他想力所能及地造福社会，普度众生。他信佛，他说："人活一世，就是为了给他人带来幸福。"

　　这就是曹德旺，这个站在金字塔尖的钢铁战士生命深处，最温柔善良的一面。

　　他的身上折射出一代人的传奇，他为中国的福利事业作出了巨大贡献。

慈善之路

　　作为中国改革开放以来创业最早的企业家之一，历年来，曹德旺共计现金捐款达人民币近 16 亿元，被民政部评为"中国十大慈善家"。

　　1998 年，他亲自飞往武汉洪灾区考察，最终个人捐出 300 万元，加上公司员工捐款等共筹资 400 万元经由中央电视台汇出。同年，他也向闽北灾区建瓯市捐出 200 万元。2006 年 6 月的闽北洪灾，他再捐 200 万元，福清基地员工捐 47 万多元，用于闽北小学教学楼重建。

　　2004 年，他先后捐出 500 万元和 800 万元，用于修建福厦高速公路宏路出口与 316 国道连接道路以及福清三条农村公路。

　　2005 年春节来临之际，他捐资 70 万元给永泰县福利院，扶助农村贫困老人；2005 年，他又捐 300 万元拓宽高速公路宏路出口处公路，捐 600 万元修建福清高山中学科技楼。

　　2006 年，捐资 247 万元帮助福建灾区学校重建。

　　2007 年起，每年捐资 150 万元在西北农林科技大学设立"曹德旺助学金"，定向定额捐赠 10 年计 1500 万。

　　2008 年，汶川地震，曹德旺亲赴灾区，先后捐赠 2000 万元。

　　2009 年，捐赠公益共计 2900 万。

　　2010 年，曹氏父子捐款 10 亿元，其善款分配如下：玉树 1 亿，西南五省区市 2 亿，福州市图书馆 4 亿，福清市公益事业 3 亿。2010 年 10 月，捐资 2000 万建南京大学河仁楼，推动河仁社会慈善学院建设成慈善救助人才培养的基地。

参考文献

[1] 朱甫. 马云如是说——中国顶级 CEO 的商道真经 [M]. 北京：中国经济出版社，2008.

[2] 龚文波. 任正非如是说——中国教父级 CEO 的商道智慧 [M]. 北京：中国经济出版社，2008.

[3] 邓媛媛. 渠道成就销售 [M]. 武汉：武汉大学出版社，2009.

[4] 张翼，乔虹. 俞敏洪工作日志 [M]. 北京：中信出版社，2010.

[5] 朱光. 壹百度 2：人生可以走直线 [M]. 江苏：江苏文艺出版社，2010.

[6] 龙柒. 今天你规划了吗 [M]. 北京：中国画报出版社，2010.

参考文献

[1] 李海龙. 中国CEO——中国国有企业CEO生存状况报告[M]. 北京: 中国社会科学出版社, 2005.

[2] 刘文瑞. 组织生态管理——从泰勒之梦到CEO的现实之门[M]. 北京: 中国经济出版社, 2008.

[3] 姚俊卿. 商道即人道[M]. 北京: 北京大学出版社, 2009.

[4] 周永亮. 企业的方向感[M]. 北京: 中国经济出版社, 2010.

[5] 方军. 管理十诫: 人生与商业中的11个致命陷阱[M]. 北京: 中信出版社, 2010.

[6] 王吉鹏. 多元化集团管控[M]. 北京: 机械工业出版社, 2010.